Organic Rose Book

はじめてのバラこそ無農薬

ひと鉢からの米ぬかオーガニック

小竹《おだけ》幸子《ゆきこ》

初夏の昼下がり、
自由に、あるがままに咲いているバラの庭。
庭に息づく無数の生命とともに生きるバラたちの
色彩と香りに包まれる幸せがここにあります。
オーガニックなバラ庭には、
人と人、自然と人をつなぐ
豊かで調和した世界が満ちています。

左上から枝垂れる白バラは、マダム・アルフレッドゥ・キャリエール。
右のフェンスのバラは、コーネリア。
左下の赤いバラは、鉢植えのダーシー・バッセル。

私の庭の歳月を15年間見守りつづけてきたコーネリア。
虹色に輝く花色は、時は移り変わっても、
初夏の日々、同じように庭を彩ります。

はじめて私の庭で咲いたボレロ。
香りと丈夫さとをかねそなえた、稀有なバラです。
これからどんな物語を私の庭で紡いでくれるでしょうか。

はじめに

●バラはあこがれ

はじめて私の庭で大輪の赤いバラが咲いた初夏のある日、深い色合いと香りに心から癒されたのを覚えています。そんなたった一本のバラとの出会いから17年がたち、今や、5月には満開のバラに囲まれる暮らしです。

「バラの庭はとても素敵だけど、世話が大変でしょう」とよく聞かれますが、私は、月に一、二度、週末にまとまった庭仕事をする程度。庭仕事で忙しいのは、冬場の剪定・誘引のときくらいです。

どうして、その程度でバラ庭が維持できるのか……それは、オーガニックでやっているからだと思っています。オーガニックですから、もちろん農薬散布の手間はいっさいありません。虫の被害は、庭に訪れる鳥や虫にまかせておけば、目くじらを立てるほどのこともありません。土づくりは、土にすむ微生物やミミズにおまかせ。庭の微生物（善玉菌）は、バラを病気から守ってくれてもいるようです。

バラは、本来とても丈夫な植物です。多少の病気や虫の害で、枯れてしまうことはありません。たとえ虫食いの跡があったとしても、それを受け入れる心のゆとりも、オーガニックでバラ庭づくりを続けるうちに自然と身についてしまいました。

●オーガニック・ローズは気楽に、気軽に

どうすれば、オーガニックで簡単にバラ庭を維持することができるのでしょう。

オーガニック・ローズを育てるために一番大切なことは、じつはとてもシンプルなのです。

鉢植えなら、白い根が鉢いっぱいに張るようにバラを育てること。

地植えなら、耕さずに米ぬかをまいて土を有機物で覆うことで、ふかふかな土づくりをすること。

最初からオーガニック栽培向きの丈夫なバラを選び、このふたつがうまくできれば、はじめての方でも、ご自分の庭やベランダで、オーガニック・ローズの豊かな色や形、そして香りを楽しむこともけっして夢ではないでしょう。

そのためのノウハウを、はじめて無農薬でバラを育てる方へ、ひと鉢のバラを植えるところから、バラと花々でいっぱいの庭づくりまで、わかりやすくていねいにお話ししたいと思います。

●「米ぬかオーガニック」って？

私は、インターネットでつながった全国のオーガニック・ローズ仲間たちと、長年にわたって無農薬でのバラ栽培を模索してきました。その結果たどりついた方法や考え方を「米ぬかオーガニック」と呼んでいます。（仲間たちの実践については、『バラはだんぜん無農薬〜9人9通りの米ぬかオーガニック』に詳しく紹介しています。）

日本人なら誰でも知っている米ぬかは、栄養が豊富なので、堆肥づくりやぼかし肥料づくりのときに、農業や園芸で以前から使われてきました。

この米ぬかを使って、庭の善玉菌を元気にし、バラが健康に育つ土づくりをしようというのが「米ぬかオーガニック」のそもそもの考え方です。でも、ただバラづくりや庭づくりに米ぬかを使えば「米ぬかオーガニック」なのかというと、そういうわけでもありません。「米ぬかオーガニック」は、庭主がほんの少しお手伝いをするだけで、バラも庭のほかの草花も樹木も、虫もほかの生き物も微生物もみんなひっくるめて、多様で循環しつづけるひとつの調和した世界をつくっていくことを目指しています。

「そんなこと、ほんとうにできるの？」と、とても難しいことのように感じる方もいらっしゃるでしょう。

●本書の使い方

そこで、第1章ではまず、シンプルで誰にでもすぐにできる基本的な作業について解説し、「米ぬかオーガニック」に関するちょっと特別な作業については、「ステップアップ」として分けることにしました。まず、バラ育ての基本的なことをしっかり理解してやってみるだけでも、バラはきっときれいに咲いてくれるでしょう。

そして、バラ育てに少し慣れたら、できそうなところから「ステップアップ」してみてください。きっとさらにバラ庭の楽しみが広がることと思います。

また、『無農薬でバラ庭を〜米ぬかオーガニック12カ月』を読んで、私のホームページの掲示板に寄せられたたくさんの質問をもとに、実践的な内容を豊富にもりこんだ、Q&Aのページも設けました。

「米ぬかオーガニック」の実際の作業やアプローチの仕方には、本書で紹介する以外にも、いろいろな方法があります。『無農薬でバラ庭を』『バラはだんぜん無農薬』に、さまざまな取り組みを紹介しています。自分の庭に合った栽培法を見つけるための手がかりにしてください。

気がついたら、すっかり「米ぬかオーガニック」の楽しさに夢中になっていた……ということがあるようでしたら幸いです。

第2章では、私の庭で育っているオーガニック・ローズの中から、丈夫で育てやすい品種を35種紹介しています。特にはじめての方でも育てやすいと思われる品種には、初心者マークをつけてみました。バラの名前、咲き方（四季咲き、返り咲き、一季咲き）、樹形（木立性、半つる性、つる性）、庭の中での用途（鉢植え、アーチやフェンス、壁面に沿わせるなど）とともに、オーガニックで育てるときのポイント、育ててみての感想などを掲載してあります。オーガニックでバラを育てるには、丈夫なバラを選ぶことがたいへん重要ですので、是非参考にしてください。

さらに第3章では、私がバラと一緒に植えて楽しんでいる植物を紹介しています。オーガニックでバラ庭を維持するには、バラだけではなくほかの植物も一緒に育てることが大切なのです。草花や樹木は、バラが咲いていない時期も庭を彩ってくれるだけでなく、多種多様な生き物を庭に呼びこみます。小さな庭にやって来るさまざまな虫や鳥たちは、おのずとバランスをとり、バラへの虫の害を軽減してくれます。そして、バラ庭の楽しみを大きく広げてくれるのです。

本書が、みなさまの気軽で楽しいバラとの暮らしに少しでも役立つことができればと願っています。

目次

第2章　オーガニックで育てやすいバラ35種

日照があまり十分ではない住宅地の小さな庭でも育てやすいと思われる丈夫なバラの中から、庭での演出に効果があると思えるものを紹介します。すべて、私がオーガニックで育てているバラたちです。

第3章 オーガニック・ローズと一緒に楽しむ草花

オーガニックなバラ庭は、植栽を多様に

オーガニックなバラ庭は生き物たちの楽園です。バラとともに、宿根草や球根花、ハーブ、樹木などいろいろな植物があると、バラ以外の季節も庭を楽しめ、生き物たちの種類も豊富になります。そんな私の庭のさまざまな植物たちを季節を追って紹介します。

・オーガニック栽培とは、一般的に、化学農薬や化成肥料を使わず、有機肥料で植物や野菜を育てることをいいます。
・本書では、すべての生き物にはそれなりの役割があり、自然の中には本来「悪い虫」（害虫）はいないと考え、一般的な言い方である害虫という言葉を使うときには「害虫」とカッコつきで表わすことにしました。
・本書に掲載したバラや草花、生き物たちの写真は、すべて著者が自分の庭で撮影したものです。ただし、虫の写真の一部は、オーガニック・ローズ仲間からお借りしました。
・本書で説明している庭の作業の時期は、著者が住んでいる東京の郊外を基準にしています。
・バラの名前や分類などは、基本的に『バラ大百科』（NHK出版）に準じています。

第1章

はじめてのオーガニック・ローズ
米ぬかオーガニックQ&A

17年間、無農薬でバラを育てた経験から、
気軽にオーガニック・ローズを楽しむための
方法を紹介します。

冬に鉢植えにしたばかりのムンステッド・ウッド。
少しうどんこ病が出たけれど
最初の春からたわわに咲いた

どんなバラを植えるといいの?

自分の庭の環境に合った、できるだけ丈夫で旺盛に育つバラを選びましょう。

バラは、作出された時代や系統(バラのグループ)、作出者(社)によって、丈夫さの傾向が異なります。化学農薬が発明される以前に生まれた古いバラや、環境に対する関心が高まってきた近年作出されたバラの中に、丈夫なものが多くあります。

また育てる場所があれば、つるバラのように大きく育つバラはとても丈夫で、安心して育てることができます。次ページに、私の庭で無農薬で育てているバラの中からおもなものを紹介しています。

はじめからこのような丈夫で旺盛なバラを選ぶと、オーガニックでも楽にバラを育てることができます。

バラの本やカタログで、強健とか初心者向きと紹介されているバラの中から選ぶようにするとよいと思います。

ドイツのコルデス社のバラ、フラウ・ホレ(四季咲き/→78ページ)。可憐な一重の白バラ。植えた最初の年から、病気にかからず旺盛に育っている。このバラは、「修景バラ」という手間をかけなくても育つことを目的として作出されたバラのグループに属している

私の庭で育つ、丈夫で旺盛なバラの系統
～たとえば、こんなバラ～

オールドローズ

19世紀以前につくられたバラでガリカ、アルバ、ダマスク、チャイナ、ポートランド、モス、ケンティフォーリア、ブルボン、ハイブリッド・パーペチュアルなどの系統があります。多くは、半つる性で春にだけ咲く品種です。❶はモスのマダム・ルイ・レヴェーク（一季咲き／→84ページ）。

1

つる性のバラ

❷のアルベルティーヌ（一季咲き／→83ページ）のように、横に這うようにしなやかな枝が数メートルほど長く伸びるタイプのバラは、ほとんどが春にだけ咲く品種です。

❸のロココ（返り咲き／→88ページ）のように、枝が斜め上方に数メートルほど長く伸びるタイプのバラは、春だけでなく、秋にも少しだけ咲くものもあります。

2

3

ノワゼット系のバラ

しなやかにつるが伸び、ほとんどが春から秋まで繰り返し咲きます。❹はクレパスキュール（返り咲き／→87ページ）。

ハイブリッド・ムスク系のバラ

多くは半つる性で春から秋まで繰り返し咲く品種です。❺はコーネリア（四季咲き／→82ページ）。

4

5

モダンローズの中では……

イギリスのデビッド・オースチン社のイングリッシュローズ（特に2005年以降に作出された品種）、フランスのデルバール社のバラ、ドイツのコルデス社のバラ（特に、耐寒性や耐病性に配慮してつくられたバラに贈られるADR賞受賞品種）など。多くは、春から秋まで連続して咲く品種です。❻はデルバール社のローズ・ポンパドゥール（四季咲き／→76ページ）。

6

育てる場所は？

一日中よく日が当たり、風通しのよいところなら、多くのバラはよく育ちます。咲かせたい場所の日当たりをよく観察し、日照条件に合ったバラを選んで植えましょう。

日当たりのよい場所でなければよく育たないバラ、反対に、北側でも明るい場所なら旺盛に育つバラというふうに、品種によってバラの性質はさまざまです。

咲かせたい場所の環境に合った品種を選んで植えれば、オーガニックでも楽にバラを育てることができます。

まず、自分の庭の日当たりをよく観察してください。

バラを育てる場所は、できれば一日中よく日が当たる場所がよいのですが、半日程度の日差しなら、西日よりも東から朝日が当たるような場所のほうがよく育ちます。

また、木もれ日程度の日陰や、北側でも明るい場所なら、品種を選べば、バラを育てることができます。

適材適所でバラを植えれば、ほうっておいても、バラはよく育ちます。日照条件を十分考慮に入れた品種選びをしましょう。

つる性のバラのアルベルティーヌ（一季咲き／→83ページ）は、夏の朝日しか当たらないわが家の北側のフェンスで、毎年５月にあふれるくらいの花を咲かせる

日照条件がやや不十分でも旺盛に育つわが家のバラたち

❶**コーネリア**（四季咲き）
お昼ごろから3時ごろまでの日差しのみで、秋まで咲きつづけています。
↓82ページ

❷**プロスペリティ**（返り咲き）
秋分の日から隣家の陰になりますが、秋遅くまで咲いています。
↓83ページ

❸**アリスター・ステラ・グレー**（四季咲き）
樹木の木陰のアーチで大きく育ち、たわわに咲いています。
↓87ページ

❹**スノー・グース**（返り咲き）
午前中、樹木の陰になってしまうフェンスで、秋まで繰り返しよく咲いています。
↓84ページ

❺**マダム・アルフレッドゥ・キャリエール**（四季咲き）
北西側の壁で家を覆わんばかりに育ち、秋まで繰り返しぽつりぽつりと花をつけます。
↓89ページ

❶

❷

❸

❹

❺

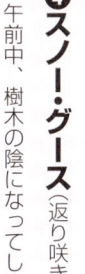

バラにはどんな種類がある？

咲き方や、樹形で分類することができます。

●咲き方で分けると

四季咲きや**返り咲き**といって、春から秋にかけて繰り返し咲くものと、**一季咲き**といって、初夏に一度しか咲かないものがあります。

四季咲きは、新しく伸びた枝先に必ず花を咲かせるものです。

返り咲きは、初夏の花後に伸びた枝先に必ず花をつけるわけではありません。

四季咲き性のものでも、夏から秋に黒点病などで葉を落とすと、秋はうまく咲かないことがあります。

特に、庭の日当たりなどの条件が悪い場合は、庭のベースになるバラを一季咲きの丈夫なものから選び、四季咲きのものは鉢に植えて、よく日が当たる場所で育てるようにするのも工夫のひとつです。

四季咲き

初夏から晩秋まで咲きつづけます。できるだけ日当たりのよいところで3～10月ごろまで（盛夏を除く）、月1回くらい追肥して育てると、よく花が咲きます（施肥の仕方は41ページ）。花が咲いた枝を枝の半分くらいのところで葉の少し上で切ると、その葉のつけ根から芽が出て、その芽が育った枝の先にまた花が咲きます（剪定の仕方は52ページ）。

グラン・シエクル
フランスのデルバール社のバラです。香りがとてもよくて、大輪で豪華な存在感のある花を咲かせます。

返り咲き

花が咲いた枝を切っても、そこから伸びた枝に必ず花が咲くわけではありませんが、不定期に繰り返し花を咲かせます。日照条件があまりよくない場所で無農薬で育ててもよく生育する品種や、丈夫な品種があります。

返り咲き性のバラの多くは、枝が長く伸びるつる性や半つる性のバラです。

5月にはいっせいに咲く花を楽しめますが、その後の花づきは、品種によって多かったり少なかったりとさまざまです。

ラヴェンダー・ラッシー

春には、枝いっぱいに花房がついて見事です。秋には、ほんの数輪、枝先に咲くのみです。大きく伸びますが、枝が堅いので、支えは簡単な支柱を添えるだけで自立します。

一季咲き

初夏に一度だけ花を咲かせます。特につる性のバラは、花数が多く見事。ほとんどが、丈夫で旺盛に伸びる品種です。

前年に伸びた枝に花芽がつくので、植えた最初の年は花が咲かないことがあります。1年目は枝を十分に伸ばし、冬に枝を横に倒して誘引すると、花数が増えます（剪定・誘引の仕方は53ページ）。

施肥は早春の芽出し肥と花後のお礼肥の年2回程度で十分です（↓41ページ）。

秋には咲かないので、花後の6～7月に来年花をつける枝を十分に伸ばすことができれば、盛夏に黒点病やハダニで葉を落としたとしても樹勢に影響が少なくてすみます。

ブルー・ランブラー

青みがかった特異な花色が印象深いバラです。細く長い枝がフェンスを覆い、ほかのバラを引き立てます。

●**樹形で分けると**

木立性で比較的小さくて枝が堅く自立するバラ、**半つる性**でしなやかな枝を長くアーチ状に伸ばすもの、**つる性**で数メートルにわたり長い枝を伸ばすものと大きく3つに分けられます。

樹形によって、剪定の仕方や育て方が違います。

木立性のバラは四季咲きのものが多く、鉢植えでも楽しむことができます。四季咲きのものは日当たりを好むことが多いようです。

半つる性や**つる性**のバラには四季咲きのものもありますが、一季咲きや返り咲きのものが多く、初夏にたわわに咲く姿を楽しみます。自立しないので、枝をフェンスなどにひもで結わえ固定して育てます。

半つる性やつる性のバラには、丈夫で旺盛なものが多く、オーガニックに向いています。また、あまり日当たりのよくない場所でも育てられるものがあります。

旺盛すぎて、小さな庭ではもてあましてしまうこともあるので、花の色や姿だけでなく樹形もよく調べ、庭の用途に合ったバラを選んで植えるようにします。

木立性のバラ

木立のように枝がまっすぐに伸びるバラで、支えがなくても自立できます。コンパクトに育ちあまり大きくならないので、鉢植えや花壇の前面に植えるのに向いています。

四季咲きのものが多いです。

花が咲いたら、花の咲いた枝の半分くらいのところの葉の少し上でカットします。

冬、前年の春に最初に花が咲いた枝まで剪定して樹形を整えます（↓52ページ）。

マリー・パビエ（四季咲き）
こんもりと茂りあまり大きくならないので、鉢植えにするか花壇で大きく育つバラの足元をカバーするのに向いています。

半つる性のバラ

オベリスク（円錐や円筒状に支柱を組んだ庭の構造物）やアーチ、フェンスなどに誘引できるくらいに伸びます。

四季咲き・返り咲き・一季咲きなど、品種によって咲き方も多種多様です。

枝が堅く自立できるものや、四季咲き性のあるものは、冬に短めに剪定しても大丈夫です。枝が柔らかく長く伸びるものは、枝を横に倒してフェンスなどに誘引すると花数が多くなります（→54ページ）。

大きくなりすぎないので小さいアーチやフェンスにも沿わせることができ、ガーデンローズとしてたいへん有用です。

オノリーヌ・ドゥ・ブラバン（返り咲き）
オールドローズです。半つる性なので、小さめのつるバラとしても、短めに剪定して木立性のバラのようにも扱えます。

つる性のバラ

数メートルにも及ぶ長い枝を伸ばすので、庭の広い面積を覆うことができます。

フェンスや壁面、パーゴラ（木などで組んだ屋根状の庭の構造物。棚ともいう）などに枝を横に倒して結わえ、固定して咲かせます。

多くが一季咲きですが、返り咲きや四季咲きの品種もあります。また、つる性のバラの中には、横に這うように伸びるタイプもあります。

前年に伸びた枝に花が咲くので、植えて1年目は、枝を切らずにできるだけ長く伸ばすようにします。

ロココ（返り咲き）→88ページ
シュラブ（半つる性のバラが属するグループ）に分類されていますが、日本ではつるバラとして利用されています。太くて堅い枝が豪快にベランダまで伸びて、大輪の花を、春も秋も楽しませてくれます。

苗の選び方は？

オーガニックで育てる場合は、大苗か鉢苗からのほうが育てやすいでしょう。

●大苗《おおなえ》（秋から冬に出まわる、大きく育った苗）

苗を畑に植えて育て、十分大きくなったところで掘り上げ、枝を輸送しやすい長さに切って売られている苗です。初心者向きの苗といわれています。

店頭では、多くの場合小さめの鉢に仮植えされて売られています。鉢に植えられていても春先からの生育に十分な土が入っていないので、鉢や地面に植えつけ、よく根を張らせます。

畑で十分大きく育っているので株に力があり、冬に植えつければ初夏に立派な花を楽しむことができます。

通信販売ですと、輸送の関係で、掘り上げたままの裸の根の状態（裸苗《はだかなえ》）で送られてくる場合がありますが、コツさえつかめば、容易に育てることができます。

大苗の植え方

鉢に仮植えされた大苗は、購入してすぐに植えつけなくても大丈夫です。水はけがよく有機質が適度に入ったよい用土が入れられている場合、植えつけは鉢全体に根がまわってからでも遅くはありません。

裸苗といわれる根がむき出しになった苗は、手に入れたらすぐにバイオゴールドバイタル（→ 123 ページ）のような発根を促進する活性液を既定の倍率で薄めた水にひと晩以上浸しておき（写真左）、植えつけます。

ローラ・ダボー（一季咲き）
小さな淡いピンクのロゼット咲きの花が房咲きになるつる性のバラです。

●鉢苗《はちなえ》（一年中出まわっていて年中植えつけ可能な苗）

初心者がそのまま育てて咲かせても大丈夫なように、新苗や大苗を余裕のある大きさの鉢に植えこんで育て、しっかり根づかせてから売られている苗です。

一年中手に入れることができ、花や樹形も店頭で実際に見てから選ぶことができます。

イングリッシュローズや、デルバール社のバラなどのフレンチローズの最新品種の中には、海外から取り寄せられたごぼうのように太い裸の根の苗（輸入苗）があり、初心者には育てにくいといわれています。そんな苗でも、良心的な業者が良質な土で十分な大きさのある鉢に植えこんだ鉢苗なら、初心者でも安心してそのまま育てることができます。

輸入苗は、国産苗に比べて根が張るのに時間がかかるので、鉢全体に根がまわる秋までは植え替えず、そのまま育てたほうが安全です。

また鉢苗の中には、長尺《ちょうじゃく》苗といって、つる性や半つる性のバラを植えてすぐ次の春から楽しめるよう長い枝の状態で売られているものや、開花《かいか》株といって、花が咲いている状態で売られているものがあります。

鉢苗の植え方

右の写真は、イングリッシュローズの鉢苗です。

春は、このように蕾がついた姿で購入することができます。しっかりと土が入る大きめの鉢に植えられているので、根が鉢全体にまわるまでは、このままよく日に当てて水やりを忘れずに育てます。

根が、鉢底の穴からちょっと出るくらい、鉢の底までしっかりまわったら（写真下）、すっぽり抜いて、春から秋の生育期なら根を崩さずそのまま、冬なら軽く根鉢《ねばち》のまわりをほぐして、一回り大きめの鉢や、花壇に植えつけます。

サー・ジョン・ベッジャマン（四季咲き）
鉢植えにも向く丈夫でよく咲くバラです。→ 71 ページ

●新苗《しんなえ》（春から初夏に出まわる、若くて小さな苗）

ノイバラなどの丈夫なバラを種から育てるなどしてつくった苗を短く切り戻した幹に、秋冬にかけて、品種改良されたバラの芽を継いで初夏のころまで育てた若い苗です。

小さなビニールポットなどに植えて売られています。蕾がついていることも多く、花が咲いているのを見てバラを選ぶこともできます。

生まれたばかりの赤ちゃん苗なので、大きく育てるには時間がかかります。特に、耐病性が強くない品種の場合は、うどんこ病や黒点病にかかるなどダメージを受けやすく、オーガニックで育てるには苦労することがあります。

ただし、耐病性が高く旺盛な品種の場合は、オーガニックで新苗から育てても大丈夫です。小さな苗のうちから、オーガニックな環境になじむせいか、しっかりと根づけば、強健に育ちます。

新苗を地植えにする場合は、まず一回り大きな鉢で1年くらいしっかりと育てて、根が鉢いっぱいにまわってから、植えつけたほうが安全でしょう。

新苗の育て方のポイント

苗を手に入れたら、下の写真のようにポットの底から白い根が少し見えるまで待ってから、一回りくらい大きな6～7号くらいの鉢に植え替えます。よく日に当てて、秋まで月に一度程度、良質な有機肥料や発酵肥料（→47ページ）を与えながら育てます。最初の春から夏の間は、蕾がついても摘んで、木を育てることに専念します。苗を手に入れた年の秋になれば、花を咲かせても大丈夫です。

STEP UP! 発根を促進する活性液（バイオゴールドバイタルまたは花まもり菌液など）を規定の倍率で薄め、植えつけの1週間ほど前に灌水しておくと、勢いよく白根が伸びて、その後の生育がとてもよくなります。

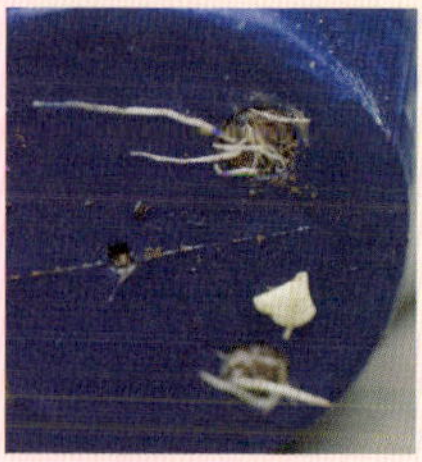

ボレロ（四季咲き）
フランスのメイアン社作出。コンパクトに育ち病気に強く、しかも香りのよいバラです。
→81ページ

鉢に植えてみよう

鉢植えの場合の植え方は？

根がよく張るよう、通気性と水はけのよい用土に植えましょう。

よく根が張れば、バラは病気にかかりにくくなり旺盛に育ちます。根が健康に育つよう、鉢植えでは通気性と水はけのよい用土の配合に気を配ります。

私は、小粒や中粒の赤玉土6割に、完熟堆肥などの有機質のものを4割ほど混ぜて、用土を自分でつくっています。市販の用土を使うときは、ふるった赤玉土を1～2割混ぜると水はけがよくなります。

●**ポイント**

・新苗は6～7号鉢、鉢苗や大苗、新苗を秋まで育てたものは8～9号鉢に植えます。

・赤玉土は、ふるいでふるって、微塵を除きます。ひと手間かかりますが、水はけや通気性が格段によくなり、白根がよく張るからです。8～9号鉢以上の大きめの鉢に植えるときは、中粒の赤玉土も混ぜています。

・植えつけ時に活性液（バイオゴールドバイタルまたは

用土の準備

1. 赤玉土をふるいでふるって微塵を除いておきます。(8～9号以上の鉢の場合、中粒を3分の1～2分の1程度混ぜます。)

2. 赤玉土6～7割に、馬糞堆肥か牛糞堆肥（完熟するまで発酵させたものが望ましい）を3～4割程度入れます。ほかにくん炭（もみ殻を炭にしたもの）やパーライト（通気性と水もちをよくする土壌改良材）も1割程度混ぜています。

3. 用土は、あらかじめ水でよく湿らせておきます。(根張りがよくなるので、湿らせる水に活性液を既定の倍率で加えるようにしています。)

花まもり菌液〈↓123ページ〉を300倍に希釈した液など）を灌水すると根の張りがよくなります。

STEP UP! **鉢土に使う堆肥（樹皮や落ち葉、牛馬糞などの有機物を微生物によって分解させたもの）などの有機質は、あらかじめ善玉菌で発酵させて完熟したものを使うと、根の張りがよくなります。（↓31ページ）**

●とにかく根をよく張らせれば丈夫に育つ

冬にバラの苗を植えてしばらくすると、裸だった枝から芽が少しずつ伸びてきます。芽が伸びると同時に、土の中では白い根がどんどん伸びていきます。このように、バラの地上部の生長は、土の中の根の生長と連動しています。

バラの生育が止まったり、枯れてしまいそうになったときに、鉢から抜いてみると、根が真っ黒になっていて白い根がほとんど見当たらないことがあります。

反対に、とても調子のよいバラを、冬に鉢替えをするときに抜いてみると、たいてい鉢いっぱいに元気な根がまわっています。

バラの根は、普通の草花と比べると案外デリケートで、土の通気性が悪かったり、未熟な肥料や堆肥などを根が触れるようなところの土に混ぜこんだり、水やりが多すぎたりすると、すぐに傷んでしまい、生育もぱたっと落ちてしまいます。

地植えの場合、3年くらいたたないと根がしっかりと張らないので、病気や虫の害に弱かったりします。3年たって根がしっかり張ってしまえば、うどんこ病にもかかりにくくなりますし、虫もつきにくくなります。

バラを健康に育てるには、とにかくよい根をしっかりと張らせることです。

エヴァ・ドゥ・グロゾブレは、鉢植え向きの丈夫な四季咲きのオールドローズ。植え替え時に鉢から抜いたら、根がしっかり張っていた

鉢植えの植え方

1. 新苗❶は6～7号くらいの鉢に、鉢苗❷や大苗は8～9号くらいの鉢に植えつけます。写真のようなスリット鉢（鉢底のあたりに縦にスリット状の穴をあけ、通気性をよくしたプラスチック製の鉢）に植えると根張りがよくなります。

2. 新苗❸や鉢苗❹は、写真のように根がポット全体にまわったころ、根を崩さずそっとポットから抜いて植えると失敗が少なくなります。休眠期の冬以外は、このまま根を崩さずに植えます。冬ならば、根のまわりを軽くほぐして植えつけます。（冬に出まわる裸根の苗は、薄めた活性液にひと晩以上根をつけて〈24ページ写真〉よく吸水させてから根を広げて植えます。）

3. 鉢底には、排水がよくなるよう、鉢底石（軽石など）を2cm弱くらいの厚さになるように敷きます❺。

4. 鉢底石の上に用土を入れ、苗の継ぎ口が鉢のふちから2cm下くらいの高さになるようにします❻。根鉢を崩さないように注意して苗を置き、根のまわりにすきまなく土を入れます。芽を継いだ部分は、新苗の場合は土に埋めてはいけません。大苗や鉢苗は土に埋めても埋めなくても大丈夫ですが、埋めないやり方のほうが一般的です。鉢のふちから2～3cmくらい下の高さまで土を入れます❼。（水やりのときに水がたまるスペースを確保しておくためです。）

5. 植えつけ時に、鉢苗や大苗の継ぎ口に巻かれたテープをはずします。新苗は、植えつけ時にははずさないで、半年以上育てて継ぎ口がしっかり活着してからはずします❽。

6. 植えつけ後、水やりはたっぷりと。活性液を規定の倍率で薄めたものを灌水すると根張りがよくなります。植えつけたばかりの苗は病気に弱いので、できるだけ日当たりや風通しなどの条件がよい場所に置いて育てます。新苗は、秋まで蕾を摘みながら花を咲かせずに育てたほうが生育がよくなります。❾

冬の鉢替え
～バラの根をいじってもいいのは晩秋から冬だけ～

バラを植えつけたり、植え替えたり、植えつけ場所を変えたりするのに、根を崩して土を落としたり、根の先を切ったりしても大丈夫なのは、生育が止まっている晩秋から冬にかけてだけです。

春から夏にかけての生育期には、地上部とともに根が活発に活動しています。生育期のバラの根はとてもデリケートで、この時期に根を傷めるとダメージが大きく、最悪の場合、バラは枯れてしまいます。

バラを植えつけるのは、バラの根を崩さなければ一年中可能ですが、根を崩して土を替えるのは、晩秋から冬になってバラが休眠してから行なうようにします。

●鉢替えが必要なとき

鉢でバラを育てていると、鉢いっぱいに根がまわってしまい、それ以上根を伸ばすことができなくなることがあります。生育期には、そのままそっと根を崩さないように抜いて、一回り大きな鉢に植え替えます。生育が止まっている晩秋から冬ならば、根を３分の１くらい落として、新しい用土で同じ大きさの鉢か一回り大きめの鉢に植え替えることができます。

●冬の鉢替えの仕方

1. 用土を準備します（→27ページ）。１年間６号鉢で育てた株を８号鉢に植え替えます。８号鉢の底に鉢底石（軽石など）を２cmの厚さになるように敷きます（→29ページ）。

2. 鉢からそっと根鉢を崩さないように、注意しながら株を抜きます❶。鉢底までぎっしりと根がまわっています❺。

3. 根鉢の上の部分と底の部分の土を軽くほぐすようにして落とします❷。

4. すきまなく用土を入れていきます❸。

5. 鉢のふちから２～３cm下あたりまで用土を入れれば完成です❹。

STEP UP! 植え替えたあと、活性液を既定の倍率で薄めたものを灌水しておくと、根張りがよくなります。

STEP UP!

堆肥の段ボール発酵のやり方

❶

❷

❸

❹

鉢植えに使う有機質（堆肥や腐葉土）は、根の張りがよくなるように、善玉菌を使って発酵させてから使っています。植物の根は、未熟な有機質がある場所では十分に生育できないからです。

1. 丈夫な段ボール箱をガムテープで補強し、堆肥などの有機質、発酵米ぬか（→ 42 ページ）、米ぬか、バイオポスト（→ 123 ページ）などの微生物資材を用意します❶。

2. 馬糞堆肥、牛糞堆肥、バーク堆肥、くん炭、腐葉土などの手近な有機質を混ぜて、段ボール箱に入れます。❷は、牛糞堆肥とバーク堆肥を入れたところ。

3. 発酵の元種と米ぬかを全体の体積の１～２割入れます❸。元種には、発酵米ぬかやよく熟した発酵肥料（→ 47 ページ）、バイオポストや花まもり菌液のような市販の微生物資材を使います。

4. 握ってつついたらほろりと崩れるくらいに水を加え、よく混ぜます❹。使用する有機質が最初から湿っていれば、水を加えなくてもＯＫです。

❻

5. 雨のかからない軒下のような場所に置いて発酵させます。箱の下も風通しをよくしておきます❺。

6. しばらくすると発酵して温度が上がります。❻のように全体に白い菌糸がまわったら、よくかき混ぜておきます。

❼

7. 時々かき混ぜながら、ぽろぽろの土のような状態になるまで数カ月そのまま熟成させます❼。すでにある程度発酵させてある堆肥を材料に使った場合は、１カ月くらいの熟成でもＯＫです。

❺

植えつけ・植え替えQ&A

Q　なぜ、鉢に入れる堆肥は完熟のもののほうがよいのですか？

A　「米ぬかまきと有機物マルチで生きている土づくり」（↓36ページ）で説明しているように、植物の根は、未熟な有機物がある分解層では、満足に張ることができません。その下の完熟層には、黒々した軟らかい土が広がっていますが、そのような未熟な有機物がない場所に白い根を伸ばします。ですから、鉢の中に完熟層をつくってやればいいのです。

地植えだと、時間をかけて分解層で有機物を分解できますが、鉢植えの場合は、あらかじめほかの場所で堆肥を分解・完熟させておくようにしています。そうすることで、鉢バラの根をしっかり張らせ、無農薬でも元気に育てることができます。

Q　植えつけ時に活性液を灌水するといいのはなぜですか？

A　経験的に、善玉菌を主体とした活性液を、バラの植えつけ時に灌水すると、白い根がわいてくるようにびっしりと伸びてきます。菌の働きで根の伸びが活発になるのでしょう。根のまわりでも菌が植物と共生していることはよく知られていますが、何かそのようなシステムが働いているのかもしれません。私が使ってみてよかったものを123ページで紹介しています。

Q　鉢バラは、毎年冬に必ず植え替えなければなりませんか？　植え替えずにすむやり方はありませんか？

A　冬にそっと鉢から根を抜いてみて、バラの根がびっしりとまわっていなければ、そのまま育てることは可能です。根がびっしりまわってつまったような感じになってしまったら、一回り大きな鉢に植え替えます。

10号以上の大きな鉢で何年もバラを育てる場合は、冬の間に、完熟堆肥や発酵肥料（↓47ページ）、バイオポスト（↓123ページ）などの微生物資材を鉢土にすきこむように入れておくと、植え替えをしなくても栄養補給になるので大丈夫です。

Q　鉢バラに米ぬかをまいてもよいでしょうか？

A　鉢バラの土は、有機物が完熟になっているように気をつけて配合し、根張りをよくするのですから、生の米ぬかをまく必要はないのではないでしょうか。うどんこ病対策で米ぬかをまく場合（↓58ページ）も、土の上には米ぬかがあまり残らないよう気をつけてまくようにしたいものです。

鉢土は、限られた環境です。まいた米ぬかが発酵する過程でガスや熱が出て、根に影響が出ないとも限りません。

鉢で、米ぬかオーガニック的な微生物の働きを期待するのでしたら、活性液や菌液を灌水したり散布したりすることを考えてはいかがでしょうか。善玉菌のかたまりである発酵肥料はすでに完熟しているので、鉢バラにもよい結果をもたらすと思います。

Q　バラどうしを寄せ植えで育てる場合の植えこみのポイントを教えてください。

A　バラの寄せ植えをするときは、私は大鉢を使っていますので、水はけと通気性に気を使います。鉢穴の上に小さなざるを逆さまにかぶせて、そのまわりを軽石で覆うように敷きつめてから用土を入れます。用土は、ふるった赤玉土6～7割に、よく熟成した堆肥を3～4割、さらにくん炭やパーライトを少量混ぜています。赤玉土には、中粒を半分から3分の2くらい混ぜて使い排水性をよくしています。

Q　寄せ植えに適している品種は?

A　寄せ植えにするバラは、なるべく樹勢や大きさが同じように育つものを選ばないと、弱いものが負けてしまいます。また同じ作出者（社）の品種から選ぶと、ひとつの鉢の中の雰囲気がまとまるように思います。

イングリッシュローズの寄せ植え。白いバラはグラミス・キャッスル（四季咲き）、ピンクのバラはアン・ブリン（四季咲き）、オレンジ色のバラはグレイス（四季咲き）

地植えの場合の植え方は？

植え穴の土に完熟の堆肥などをたっぷりと混ぜ、周囲の土は、米ぬかまきと有機物マルチで土づくりをします。

はじめて庭にバラを植える場合は、バラを植える場所に穴を掘り、植え穴の土に完熟の有機質（堆肥や腐葉土、牛糞・馬糞堆肥）をたっぷり混ぜて植えつけます。

まわりの地面は、季節の変わり目ごとに米ぬかをうっすらとまき堆肥などの有機物で覆う（有機物マルチ）だけで、数カ月で土が軟らかくふっくらとしてきて、水はけがよくなります。微生物やミミズなどが、有機物や米ぬかを餌に集まり、自然に地面を耕してくれるからです。

●ポイント

・植え穴にぼかし肥料（↓41ページ）を入れ、根がふれないよう肥料の上に土をかぶせて植えてもいいですが、根づいてから株元にぼかし肥料を置き肥しても育ちます。

・水やりは根づくまでは数日おきにたっぷり。しっかり根づいてしまえば、雨だけで十分です。

地植えの植え方

1. 植え穴は、苗の根鉢の２～３倍くらいの直径、深さは1.5倍くらいにします。穴に完熟堆肥などの有機質を入れ、植え穴の土とよく混ぜます。

2. 肥料は、根づいてから良質のぼかし肥料を株元に置き肥しています。発酵肥料（→ 47 ページ）を使う場合は、１カ月以上たってしっかりと根づいてから、株元に浅く埋めます。

3. 水やりはたっぷりと。植えつけて１カ月くらいは、晴天が続いたら、数日おきに水を与えるようにします。

STEP UP! 植え穴にバイオポスト（→ 123 ページ）などの微生物資材を入れたり、活性液を規定の倍率で薄めたものを植えつけ時に与えると、根張りがよくなります。（写真は、バイオポストを使って植えこんでいるところ）

米ぬかまきと有機物マルチによる土づくりのやり方

晩秋に米ぬかをまいたあと有機物でマルチします。私はこのように落ち葉や剪定枝も使っています。

真冬、堆肥の下に張った菌糸。

有機物マルチした剪定枝は、春にはすっかり茶色くかさかさになりました。

晩夏になると、有機物マルチはすっかり分解され、庭土はころころに団粒化し水はけがよくなりました。

少し時間はかかりますが、微生物とミミズなどの小動物の働きによって自然に土がふかふかになってしまう土づくりの方法です。

1. 落葉のころに、花壇に霜が降りたようにうっすらと米ぬかをまき、堆肥などの有機物で覆います。堆肥は、バーク堆肥やわらの堆肥、馬糞堆肥など、手に入りやすいものでＯＫです。しばらくすると、堆肥の下に白い菌糸が張ります。

STEP UP! 米ぬかと一緒に、微生物資材（→ 123 ページ）や発酵米ぬか（→ 42 ページ）をまくと、さらに分解が早まります。

2. バラが芽吹きはじめるころに、花壇全体にうっすらと米ぬかをまきます。（さらに上から堆肥で覆ってもよい。）土の表面が固まり、弾力が出てきます。

3. 入梅のころ、花壇全体にうっすらと米ぬかをまきます。（さらに堆肥で覆ってもよい。）夏の終わりには、花壇の土が赤玉土のように団粒化（細かな土が粒のように固まること。水はけや通気がよくなる）し、水はけがよくなります。

4. 秋の初め、少し涼しさを感じるようになったら、花壇全体にうっすらと米ぬかをまきます。（さらに堆肥で覆ってもよい。）微生物の働きで、土が肥沃になります。

5. この作業を繰り返すことで、年々土が団粒化し、豊かになっていきます。そのうち、庭の落ち葉やバラの剪定枝を細かく刻んだもので花壇を覆い米ぬかをまくだけで自然に分解されてしまい、庭のどこを掘ってもふかふかな庭土に変わっていきます。

●注意すること

・未熟な有機物を土の深いところに混ぜてはいけません。土に病気が出る場合があります。（表層 10～15cm ならＯＫ。）

・私の庭で落ち葉や剪定枝が素早く分解されるのは、すでに生きている土ができているからです。はじめて有機物マルチを試みる場合は、すでに分解が進んでいる市販の堆肥などを使ってください。

米ぬかまきと有機物マルチで生きている土づくり

里山の雑木林を思い浮かべてみてください。

毎年秋になると自然に落ち葉が降り積もり、地面の上には分厚い落ち葉の層ができます。昔の人々は、この落ち葉を集めて、田や畑の土づくりに利用していました。

落ち葉の層には、無数の生き物や微生物がすんでいます。彼らの営みによって、落ち葉はどんどん分解されて、肥えた土になっていきます。

この循環によって、雑木林は、人が土を耕したり肥料を与えたりしなくても、大きな木や豊かな下草、そこに集まる多種多様な生き物たちを養うことができているのです。

この仕組みを庭にも取り入れて、生き物や微生物に土を肥やしてもらおうというのが、「米ぬかまきと有機物マルチによる土づくり」です。

やり方はとても簡単。

庭土にうっすらと米ぬかをまき、堆肥などの有機物で覆うだけです（詳しくは35ページ）。米ぬかや堆肥は、土をよくしてくれる微生物やミミズ、ヤスデ、ダンゴムシなどの大好物。彼らが自然に集まってきて有機物を分解しはじめます。

私はこの場所を分解層と呼んでいます。分解層では、未熟な有機物がたくさん残っているため、植物は根を張ることができません。

分解層でほどよく分解された有機物は、ミミズのおなかを通りながら、土のより深いところに運ばれます。ミミズは土の中に空気が通るトンネルを掘りながら、どんどん深い場所までもぐって栄養豊富な糞を落としていってくれます。

この土の深い場所では、有機物はすっかり分解されていて、未熟なものはありません。植物が根を勢いよく張ることができるのは、こんな未熟な有機物が残っていない場所です。また、植物の根のまわりには微生物がすんでいて、植物と共生しているそうです。

私はこの層を完熟層と呼んでいます。

実際やってみると、数カ月くらいで土がふかふかしてくるのを実感できると同時に、バラもだんだん病気にかかりにくくなっていきます。

何年もこのやり方を続けてきた私の庭では、庭のどこでも小さなシャベルひとつでバラの植え穴を掘ることができるくらい、深いところまで土が軟らかくぽろぽろした感じになっています。

また、私は、庭の落葉樹の落ち葉やバラの剪定枝を堆肥の代わりに使っているのですが、そんなほとんど生に近い未熟な有機物でもどんどん分解されていく状態になっています。

ただし、はじめて有機物マルチをする場合は、まだそれほど土に力がついていないので、発酵ずみの堆肥などを使うとよいでしょう。

「有機物」というのは、堆肥や庭の落ち葉、植物の残渣など、もとは生きた植物や動物からできたもので、いずれは土に還るもののこと。
「マルチ」とは、ふとんのように土の表面を覆うこと。

米ぬかまきと有機物マルチで生きている土づくり

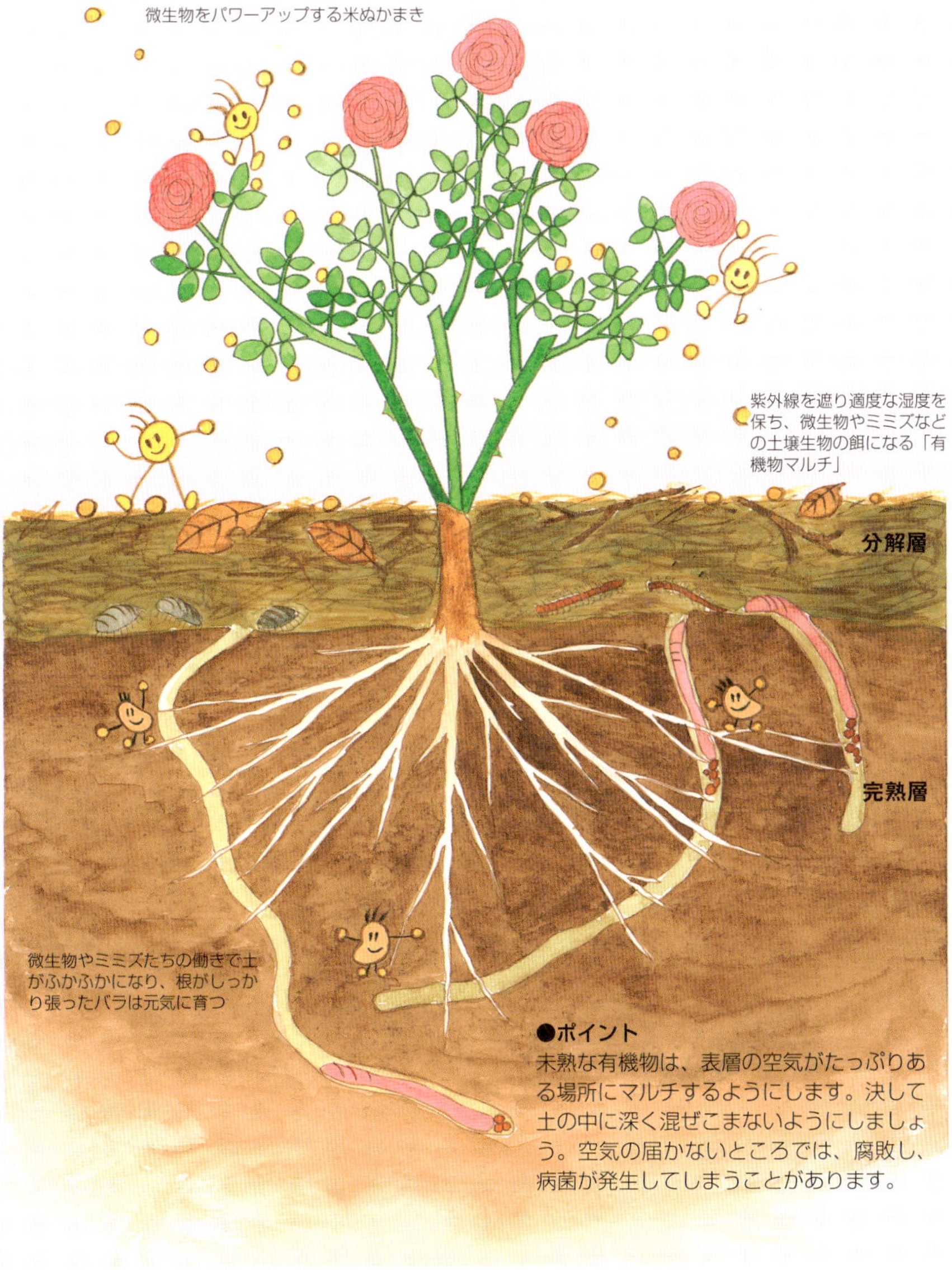
微生物をパワーアップする米ぬかまき
紫外線を遮り適度な湿度を保ち、微生物やミミズなどの土壌生物の餌になる「有機物マルチ」
分解層
完熟層
微生物やミミズたちの働きで土がふかふかになり、根がしっかり張ったバラは元気に育つ

●ポイント
未熟な有機物は、表層の空気がたっぷりある場所にマルチするようにします。決して土の中に深く混ぜこまないようにしましょう。空気の届かないところでは、腐敗し、病菌が発生してしまうことがあります。

米ぬかまきと有機物マルチQ＆A

Q　有機物マルチは冬が基本とのことですが、春や秋に行なっても大丈夫でしょうか？

A　一年中できます。堆肥などの有機物で、土を季節ごとにマルチします。米ぬかもうっすらとまいてください。土がどんどん団粒化しふかふかになっていきます。まだ庭土が硬い状態で、早くふかふかに土壌改良したければ、季節ごとに堆肥でマルチしたほうがよいと思います。すでにふかふかの土でしたら、冬に一度、堆肥で覆うだけで十分です。

米ぬかをまくときに、発酵米ぬか（↓42ページ）やバイオポスト、花まもり菌液（↓123ページ）などの微生物資材も一緒にまくと、より早く確実に土づくりができます。また、堆肥自体も、発酵させるときによい菌を使っているものを選べば、庭に善玉菌を呼びこめます。

Q　有機物マルチに使う堆肥は、腐葉土でもバーク堆肥でも何でも大丈夫ですか？

A　堆肥や腐葉土なら何でも使えます。私は「秀じいの堆肥」（↓123ページ）や、わらと馬糞の堆肥をよく使います。もみ殻やわらを細かくしたものもよいマルチになります。

Q　米のとぎ汁をバラの根元にまいてもいいですか？

A　米のとぎ汁は、バラがまだ十分に根を張っていないと、悪い影響が出る可能性があります。発酵米ぬか（↓42ページ）をつくるとわかるのですが、有機物の分解・発酵の過程で熱やガスが発生します。ですから、未熟な有機物は、根に直接あたるとよくありません。とぎ汁をまく場合は、ごく土の表面に、根の近くまで深くしみこまないように気をつけてまいたほうが安全だと思います。

Q　米ぬかまきと有機物マルチでミミズが増えたのですが、モグラに入られて困っています。

A　ある研究によると、トウガラシエキスを主成分とする忌避剤に即効性があり、1週間くらいは効果が持続するそうです。ですから、木酢液や焼酎でトウガラシエキスをつくっておいて（500ミリリットルにひとつかみほど入れ、3カ月以上つけこんでおく）、進入口近くに週1回くらい灌水しておけば、効果があるかもしれません。

丈夫に育てよう

水やりはどうしたらいい?

根をしっかり張らせるために、水のやりすぎは、禁物です。

●鉢植えの場合

晴天が続き、土の表面が乾いたら、鉢底から流れるくらいたっぷりと水をやります。

鉢の表面が乾いていても、土がまだたっぷりと水を含んでいる場合もあるので、指先を土に差しこんで、土の湿り気具合を確認しましょう。

水やり直後の鉢と土が乾いているときの鉢を手で持ち、だいたいの重さを覚えておくと、鉢を手で持ってみることで水やりのタイミングがわかります。

水は、葉にはかけず、土の表面にハス口を近づけて土が水圧で掘られないように静かにやります。

●地植えの場合

地植えのバラは、生育期なら植えてから根づくまでの1カ月くらいは、数日晴天が続けば水やりをしますが、いったん根づいて新しい芽が伸びはじめたら、雨水のみで育てています。

冬場に大苗を植えた場合は、植えつけ時にたっぷりと灌水し、根づくまでの間は、雨が降らず乾燥が続いたときだけ水やりをするようにしています。

●ワンポイント

バラをオーガニックで丈夫に育てるには、とにかく根をよく張らせるようにすることです。

水をやりすぎても乾かしすぎても、根は健康に育ってくれません。使う用土や鉢によっても水やりのタイミングが変わってきます。

また、黒点病で葉を落としてしまったような場合、水をやりすぎると、葉からの水分の蒸散が少ないわりに土中の水が多すぎて、根ぐされを起こすこともあります。

バラが水を欲しがっているかどうか、土の乾き具合をまずはよく観察してください。

玄関先の塀まわりは、日照を求めるバラたちでいっぱい。黒いチューブは灌水装置

水やりは手前の鉢バラと鉢植えのデルフィニュームのみ。奥の花壇のバラは雨水だけで育つ

自動灌水装置の選び方・使い方のポイント

自動灌水装置は、夏場の水やりの苦労を軽減してくれる便利な装置です。

私は、用途と値段、メンテナンス用消耗品の手に入れやすさで選びました。

私が使っている製品は、ノズルが大小いろいろセットでき、大鉢も小さな鉢も水量を調節できる点が気に入っています。また、手持ちのホースをつなげて分岐し、1カ所の水栓から庭中に配水できるところも都合がよいです。それと、タイマーつきが便利です。特に夏は、蚊にさされることもなく、ほんとうに助かっています。

季節によって、灌水量や時間を変えるのも大事なポイントです。また、いくら自動とはいえ、週に一度は見まわって適正量が灌水されているかどうかを確認するのも大事です。

私の使っているものは、土の含水量を探知する装置がついているので、雨の日は灌水しないようになっています。なんとも賢いものですね。

写真❶は点滴タイプのノズルで水の量が少ないもの、❷は水の量が多いタイプのノズル、❸はタイマー。

❶

❷

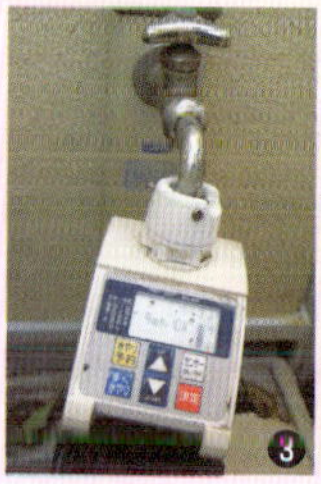

❸

丈夫に育てよう

肥料はどんなものを？

良質なぼかし肥料（発酵肥料）をあげましょう。

肥料は、良質な有機質のものを与えます。バラ用に配合されたぼかし肥料がいいでしょう（123ページに資材を紹介しました）。「ぼかす」とは、発酵させるということです。有機肥料は発酵させることで効き目がよくなります。反対に、未発酵のものを与えると、バラの根を傷める心配があります。

STEP UP! **地域の善玉菌を採取してきて自分でつくる発酵肥料（↓47ページ）は、無農薬でも病気にかかりにくく葉もつやつやして、バラの生育がたいへんよくなるのでおすすめです。**

●鉢植えで四季咲きのバラは2～10月まで毎月施肥する

四季咲き性のものは、絶え間なく生長して花を咲かせるので、2～10月ごろまで毎月肥料を与えます。市販のものなら規定量、自分でつくった発酵肥料なら、1株につき片手でひとつかみ程度です。ただし、酷暑でバラの生長が止まる盛夏は、与えないか、量を控えめにします。

●一季咲きや地植えのバラは、2月と6月のみで十分

年に一度しか咲かない一季咲きや地植えのバラは、東京なら芽を元気に出させるための2月と、花後の体力を回復させ生長を促すために与える6月の肥料のみでも十分です。

地植えのバラでも、秋にも咲くバラには、8月の終わりから9月の初めにかけても施肥します。

市販のものなら規定量、自分でつくった発酵肥料なら小さいシャベルに2～3杯与えてください。大きくしたいバラには多めに与え、大きくなりすぎると困るバラには、量は控えめにします。発酵させた有機肥料は多く与えても害になることはありませんが、バラの生長の様子を見ながら加減してください。

発酵肥料のつくり方①
発酵米ぬかをつくる

はじめに、発酵米ぬかをつくります。まず、米ぬかを使って地域の善玉菌を活性化させましょう。

1. 地域の雑木林や竹林から、「はんぺん」（善玉菌のかたまり）❶を採取してきます。「はんぺん」は、春先や晩秋、分厚く積もった落ち葉の層の下あたりで見つかります。「はんぺん」が見つからない場合は、バイオポストなどの市販の資材（→123ページ）を使ってもOKです。

2. 「はんぺん」（または市販の微生物資材）と米ぬかを用意します。量は「はんぺん」１に対して米ぬか２～３くらいの割合です❷。

3. 水を少しずつ加えながら、手でよくすり混ぜます。握ってもつつくとほろりと崩れるくらいに水分量を調節します❸。

4. テラコッタ鉢の底に、ぴったりになるように防虫網を敷きます❹。

5. ❸の水分調整をした米ぬか＋「はんぺん」を❹のテラコッタ鉢に入れます❺。

6. 雨水が入らないようにふたをし、風で飛ばないよう重石をしておきます。鉢は少し浮かせておき、風通しをよくしておきます❻。それを雨が当たらない軒下のような場所に置きます。（日当たりがよい南側の軒下だと気温が高いので冬場でも菌が活動しやすく発酵がより早く進みます。）

時々、中を見て底からよくかき混ぜながら発酵させます。甘い香りがして温度が上がり、ふたの裏に水滴がつけば発酵が始まった証拠です。

7. 温度が下がり、１～２週間たって白っぽくさらさらになったら完成です❼。

発酵米ぬかQ&A

STEP UP!

Q 米ぬかはどこで手に入りますか？

A 町のお米屋さんや精米所で手に入ります。近ごろでは、減農薬（または無農薬）の米ぬかもインターネットで手に入るようになってきました。

Q 「はんぺん」が手に入らないときはどうしたらいいでしょうか？

A バイオポストや花まもり菌液などの市販の微生物資材（→123ページ）を使って、米ぬかを発酵させることができます。米ぬかに対して、バイオポストなら1〜2割、花まもり菌液なら200倍に薄めた液を加えます。

Q 「はんぺん」は、どんな場所で見つけることができますか？

A 近くの竹林や雑木林、大きな公園で、落葉樹の落ち葉が分厚く積もった場所を探してみてください。落ち葉をそっとどけると、その下にころころと団粒化した土があります。そこに、土着菌と呼ばれる地域の善玉菌がすんでいます。

土着菌は、季節や環境によって、「はんぺん」と呼ばれる菌のかたまりをつくることがあります。「はんぺん」は、その名の通り、ふかふかとスポンジのような感じの真っ白な菌糸のかたまりです。

もし、「はんぺん」が見つからない場合でも、分解しかけの落ち葉や、その下の団粒化した土にも善玉菌はいるので、「はんぺん」の代わりに持ち帰って発酵米ぬかをつくってみてください。甘い香りを漂わせながら、ほかほかと40〜50度以上で発熱してくれれば、善玉菌がいる証拠です。

ただ、自然の中には、モンパ菌のように、庭に持ちこむと樹や植物を枯らしてしまうおそれのある菌もいます。モンパ菌も白い菌糸なのですが、糸状や網目状で、「はんぺん」とは形状が違います。採取した土着菌で発酵米ぬかをつくってみて、ちゃんと発熱すれば大丈夫ですが、いつまでたってもほとんど変化がない場合は、用心のため庭には入れないようにしましょう。

Q 何月までつくれますか？

A 発酵米ぬかや発酵肥料は、慣れてくればいつでも仕込むことができます。はじめてチャレンジされる場合は、10～4月ごろまでがいいでしょう。外気温が高くなると、腐敗したり、虫がわくことがあるからです。

Q　プラスチックのプランターではつくれませんか？

A　使う微生物資材や水分量を工夫して、プラスチックのプランターで上手につくっている人もいるので、不可能ではありません。はじめてでも失敗しにくいのは、通気性のよいテラコッタ鉢だと思います。

Q　発酵米ぬかにコロコロとかたまりができています。これは、ほぐしておいたほうがいいのでしょうか？

A　崩さなくても大丈夫です。発酵米ぬかのかたまりは、菌のコロニーですから、順調に発酵が進んでいる証拠です。かたまりを割ってみると、白い菌糸が中までまわっているのが確認できるでしょう。

Q　発酵米ぬかはテラコッタ鉢に入れたまま保存しても大丈夫でしょうか？

A　そのまま鉢に入れてふたをかぶせ、雨水などが入らないように保管します。時々中を見て、混ぜ返し、青カビなどが生えないようにします。半年くらい、そうやって保存しても、新たに米ぬかを加えるとほかほか発酵してくれます。半年前の発酵米ぬかのほうが、つくりたてのものより発熱が早くなるので、よくできた発酵米ぬかは、全部使わずに少し残しておいて、次の肥料づくりに入れるといいでしょう。

Q　材料を仕込んだあと、1回混ぜてそのままにしておいたら青カビが発生してしまいました。

A　私もかき混ぜなかったときに出てしまったことがあります。発酵熱が上がらないときにも出やすいです。

かき混ぜたときに胞子がふわふわたつようなら、結構、青カビがまわっています。部分的に出ているくらいならそこだけ取り除き、バイオポストや花まもり菌液（→123ページ）などの微生物資材と生の米ぬかを足して再発酵させることはできますが、全体的にまわってしまっている場合は、もう一度つくり直したほうが無難です。次につくるときは、水分量を少なめにして、微生物資材を多めに入れるとよいと思います。青カビが出て使えなくなったものは、庭の片すみの土の表層に混ぜておくと、自然と分解されます。

Q　発酵米ぬかを仕込んだら、初日には45度くらいまで温度が上がっていましたが、翌日には20度、４日目には15度くらいになってしまいました。これって失敗でしょうか？

A　発酵米ぬかは、テラコッタ鉢でつくるくらいの少量ですと、発熱する期間はそんなに長くありません。数日で温度が下がって、そのあとゆっくりと白く熟成していきます。温度が低めでも、ふたの裏に水滴がついていたら、それが発酵が続いている証拠です。そのまま数日おきにかき混ぜ作業を続けてください。

Q　バイオポストや「はんぺん」で発酵米ぬかをつくりましたが、ほんのり温かい状態です。もっと熱くならなくてよいのか心配です。

A　甘い香りで発酵してくればＯＫです。「はんぺん」を使うと、40～50度くらいの温度で推移することが多いようです。バイオポストも、それほど温度は高くなりません。ほんのり温かいくらいで発酵が進んでいきます。あまり温かくなっていなくても、ふたに水滴がついていれば、発酵が進んでいる証拠です。温度が下がっても、ゆっくりと発酵は進んでいきます。だんだん色が変わり、白灰色に変化します。ところどころかたまりができて、白い菌糸がまわっている部分があれば、大成功です。

Q　冬に発酵米ぬかを仕込み、３日たちました。香りは抜群によいのですがまったく発熱していません。

A　甘い香りが、嬉しいですね！　発酵が順調に進んでいる証拠です。冬場なので外気温が低く、ゆっくりと発酵のはじめの段階が進んでいるのだと思います。発酵は、ゆっくり進んだほうがよいものができると聞いています。発酵のはじめの段階が十分に進むとおのずと次の段階の発酵に入ります。発熱は、もうしばらくお待ちください。

Q　市販の生ごみ処理材を利用して発酵米ぬかづくりを試みましたが、１カ月を経過した今でも発熱せず湿った状態です。かき混ぜればよい香りはしますが。

A　生ごみ処理材の菌の力が弱かったのかもしれません。晩秋や春先に、近所の雑木林や竹林などで「はんぺん」を探してみてください。分厚く積もった腐葉土の下などに白い菌糸のかたまりが見つかると思います。何といってもこの「はんぺん」が一番力があります。もし「はんぺん」が見つからなかったら、周囲と比べて妙に生育のよい植物の株元にある団粒化した土にもたくさんよい土着菌がいますので、これを元種にしてみてください。

Q **発酵米ぬかの臭いが気になって、つくり置きのえひめAI－2（→59ページ）を入れてみました。あまり温度は上がらなかったのですが、香りは少しやさしく甘い香りに変化してきました。これで大丈夫なのでしょうか。**

A えひめAI－2もいいですね！　土着菌は性質がさまざまなので、こういった発酵の力が確かなものを加えるのもとてもよい考えだと思います。私もバイオポストなどを使っています。いろいろ試しながらやっていくのが楽しみのひとつですね。

Q **発酵米ぬかが余ったら、じかに庭にまいてもよいのでしょうか？**

A はい、庭にまくことができます。庭に地域の土着菌や善玉菌を呼びこむことが期待できます。季節の米ぬかまき（→35ページ）のときに、生の米ぬかと一緒にうっすらとまくとより効果的です。

Q **発酵米ぬかや発酵肥料は、鉢の土替えのときに土に混ぜてしまって大丈夫ですか？**

A 発酵肥料は、必ず鉢の表面の空気が届くところにあげてください。空気があるところのほうが菌が元気でいられます。発酵米ぬかを鉢土に利用するなら、配合した土にあらかじめ混ぜて、1〜2カ月くらい寝かして完熟させてから使用したほうがよいと思います。土の中で発熱すると、根を傷めてしまいます。有機物を鉢に使うのには、注意が必要です！

Q **昨年つくった発酵肥料をもとに発酵米ぬかをつくることはできますか。**

A もちろんできます。去年の発酵肥料は、「はんぺん」などと同じように元種になります。新しい米ぬかを混ぜて水分調整すると発酵米ぬかをまたつくることができます。私の2010年の発酵肥料は、前年の発酵肥料からつくった発酵米ぬか主体でつくったのですが、たいへん速く発酵が進みました。寝かした分だけ、力も強くなっているようです。どうぞお試しください。

STEP UP!

発酵肥料のつくり方②
発酵肥料をつくる

❶

❷

❸

❹

❺

発酵米ぬかをつくったら、次に、発酵肥料をつくりましょう。

1. 油かす、濃縮骨粉（または魚粉）、草木灰、生の米ぬかなどの有機質肥料と、発酵米ぬかをよく混ぜます。材料を層状に広げておくと、まんべんなく混ぜやすくなります❶。

発酵米ぬかは、全体の１～２割程度入れます。

肥料の配合量は、次ページの表のように、リン酸分やカリ分が多めになるように計算して決めます。配合例を掲載してあるので参考にしてください。

2. 水を少しずつ加え、握ってもつつくとほろりと崩れるくらいに水分量を調整します❷。

3. ガムテープで補強した段ボール箱❸に❷を入れ、風通しのよい軒下などの雨の当たらない戸外に置きます。

暖かい南側の軒下だと、冬でも発酵が速く進みます。

段ボール箱の下も風通しがよくなるよう、すのこを敷いたり、棚の上に置いたりします❹。

木のデッキなどに直接置くと、発酵の過程で木材が腐食するので気をつけてください。

4. 発酵熱が上がり、40～50度くらいになったら、よく混ぜて温度を下げます。

熱が上がっている間は発酵臭がします。１週間ほどで温度が下がり臭いも落ち着きます。

段ボール箱に入れたまま、時々かき混ぜながら冬なら３カ月ほど熟成させます。もっと暖かい季節なら、１～２カ月くらいでも、熟成していきます。

5. 灰白色になって、ところどころかたまりができ、さらさらに乾燥したら完成です❺。

ビニール袋などにつめて、雨や直射日光が当たらない場所で保管します。

STEP UP!

発酵肥料の配合例（バラ10株9カ月分）

	重量（kg）	Nの割合	Pの割合	Kの割合	重量×Nの割合	重量×Pの割合	重量×Kの割合
油かす	6	0.05	0.02	0.01	0.3	0.12	0.06
草木灰	2.5	0	0.19	0.14	0	0.475	0.35
濃縮骨粉	0.5	0	0.4	0	0	0.2	0
くん炭	0.5	0	0	0.013	0	0	0.0065
米ぬか	3	0.02	0.02	0.015	0.06	0.06	0.045
総重量	12.5				0.36	0.855	0.4615
全体のNPK＝ N or P or Kの総重量÷肥料の総重量×100					3%	7%	4%

※肥料袋に6・8・5と書いてある場合、窒素（N）が6%、リン酸（P）が8%、カリ（K）が5%という意味です。この場合、Nを0.06、Pを0.08、Kを0.05として計算します。

※米ぬかの重量は、発酵米ぬか（約1kg）と生の米ぬか（約2kg）を合わせた重量です。元種として、発酵米ぬかのほかにバイオポストも2～3つかみくらい入れると、発酵がより安定します。いろいろな微生物資材が市販されているので、利用してみてもいいでしょう。

●上記に使用した資材

バイオポスト約3分の1袋
生米ぬか2kg
発酵米ぬか1kg
油かす3kg入り2袋
草木灰500g入り5袋
濃縮骨粉500g入り1袋
くん炭500g入り1袋

●ワンポイント

肥料の成分はおもに、枝葉を育てる窒素、花や実をつけるリン酸、根を育てるカリの3つがあります。

窒素は、与えた分だけ植物に吸収されますが、リン酸やカリは、土に吸着されてしまい、植物には全部届かないそうです。

花をたくさん咲かせるためには、花芽をつける2～3月に、窒素よりもリン酸やカリ分が多めに入ったものを与えるようにします。

枝葉を大きく育てたい花後の6月には、窒素分もほかの成分と同じくらい入ったものを与えます。

植えつけや植え替えのあと、根をしっかりと張らせたい晩秋の時期には、カリ分を多めに与えたほうがよいそうです。

上の配合例に促われず、自分でいろいろと工夫してみるのも楽しいかもしれません。

STEP UP!

発酵肥料の使い方

●鉢植えの場合

鉢のふちに2～3カ所、2～3cmくらいの深さの小さな穴を掘り、それぞれの穴にカレースプーン1杯程度の発酵肥料を入れ、上から軽く土をかぶせます。しばらくすると肥料を与えたところの土がもこもこ盛り上がり、白っぽく乾いた感じになります。シャベルの先で肥料を軽くほぐし、まわりの土となじませておきます。肥料がこなれてなくなったら、次の肥料を与える時期です。2月末～10月ごろまで、1カ月に一度ほど、与えつづけます。

❶浅く3カ所穴を掘る

❷穴に発酵肥料を入れる

❸軽く土をかぶせる

●地植えの場合

株元から20～30cmほど離れたところに、2～3カ所、5～10cmくらいの深さの穴を掘り、それぞれの穴にシャベルで1杯程度ずつ発酵肥料を入れます。肥料の上には土や堆肥をかぶせておきます。穴を掘るのが難しい場合は、株元を覆うように小さいシャベルで2～3杯ほどの発酵肥料を置き、上から土や堆肥で覆っておきます。

地植えの場合は、芽出しのための肥料（2月）と花後の肥料（6月）だけでも十分です。

❶株元から20～30cm離れたところに浅く穴を掘る

❷穴に発酵肥料を入れる

❸軽く土をかぶせる

地面に穴を掘るのが難しい場合は……

❶発酵肥料で株元をマルチ

❷軽く土をかぶせる

●ワンポイント

発酵肥料は浅く空気が届くところに入れます。また、土や堆肥を肥料の上からかぶせて、適度な湿度を保ち、善玉菌を紫外線から守るようにします。植えつけたばかりの苗にいきなり与えると根を傷める心配があるので、しばらくして根が張り、芽が伸びはじめてから与えます。

発酵肥料Q&A

STEP UP!

Q 発酵肥料づくりは何月ごろまで大丈夫でしょうか?

A 基本的には一年中つくることができるのですが、虫がたかったりわく恐れがあるので、ハエや蚊が出てくる季節は避けてつくるほうがやりやすいです。東京ですと4月の末ごろまでです。暖かい季節につくると、冬場より発酵が速やかに進みます。春先は菌たちも動きだす季節なので、雑木林などで、とってもよい「はんぺん」が見つかります。

Q 発酵肥料が完全に発酵したかどうかの見きわめは?

A 温度が完全に下がり2~3カ月して全体に白っぽく菌がまわり乾燥したら、パンジーやビオラなど丈夫な草花に与えてみます。元気に育つようなら、もう使える状態です。発酵肥料を施肥するとその部分の土がもこもこ盛り上がってきます。微生物が活動しはじめた証拠です。

Q 発酵肥料づくりのときに、一度温度が上がったのに2日ほどで温度が下がってしまいました。このまま熟成させるべきか、微生物資材を足してやり直すべきか悩んでいます。

A みかん箱サイズ(横25×縦40×高さ30センチ)くらいの量ですと、発熱している期間は案外短く、2日くらいです。温度が下がっても、ゆっくりと発酵が進み、熟成していきます。白っぽくなるまでに1カ月くらいかかります。白くというより、灰色っぽくなることもあります。最初の状態から変化していれば大丈夫です。もし心配でしたら、発酵米ぬかを足して再度発酵を促してもよいでしょう。

Q 発酵肥料のできあがりが、なんとなくカビのような墨のような香りがするのが心配です。

A よくできた発酵肥料は、発酵米ぬかのような甘い香りではなくて、最終的に土のような香ばしい匂いになっていきます。青カビが出ていなければ大丈夫だと思います。

Q 発酵肥料づくりをしたら、ぬか床のような匂いのものができました。これは失敗ですか?

A 発酵が進んでいくと、甘い香りからぬかみそっぽい匂いになることがあります。元種の菌によって発酵の香りは微妙に違いますし、発酵の進み具合によっても香りは変化していきます。失敗かどうかは、この先の推移を見守り、白っぽく熟成してくるようでしたら、大丈夫かと思います。

Q　発酵肥料づくりで、バイオポスト（↓123ページ）はどのくらいの量を入れればいいのでしょうか。

A　みかん箱程度の量の発酵肥料をつくるのでしたら、バイオポスト1袋の3分の1～2分の1くらいで十分だと思います。もしそれでも発酵がうまく進まない場合は、あとから残りのバイオポストを足すとよいと思いますが、それでも1袋全部を使う必要はないと思います。

Q　生ごみ乾燥処理物を使って発酵肥料を仕込みましたが、1週間たってもまったく反応がないので心配です。

A　なかなか発酵が始まらないようでしたら、もう少し、生の米ぬかを足してみてはいかがでしょうか。生ごみ処理物だけですと、菌の餌としては、最初は食いつきが悪いのかもしれません。菌の大好物の生の米ぬかを足してあげることで、菌が元気づいて発酵が始まり、生ごみ処理物も分解してくれると思います。生ごみ処理物は、カビが生えやすいので、かき混ぜ作業はしばしば行なうほうがよいかもしれません。

私も生ごみ処理機を使っていますが、処理物をコンテナの古土をストックしているバケツに入れて、土と混ぜて追熟させています（↓112ページ）。土の中にもたくさん微生物がいるので、すぐに温度が上がり、ふたの裏には水滴がびっしりつきます。熟したものは、草花のコンテナ用土として使っていますが、肥料いらずでとてもよく育ちます。

Q　まだ熟成していないと思うのですが、庭にまいてしまっても大丈夫でしょうか？

A　白っぽくなり、さらさらに乾燥していれば使っても大丈夫だと思います。心配でしたら、地植えのものから挑戦されると安心です。鉢植えは土が少ないので、万が一未熟な場合は、影響があるかもしれません。

Q　窒素・リン酸・カリは計算して調達できますが、マグネシウムは何から得るのでしょうか。

A　葉色が浅くなる原因のひとつにマグネシウム不足が疑われます。私がつくっている発酵肥料の材料で、マグネシウムが一番含まれているのは米ぬかです。米ぬかには、微量要素がたくさん含まれていて、肥料としてもよいものなのです。

剪定や誘引は？

バラの樹形や咲き方によって違うので、それぞれのやり方のポイントをマスターしましょう。

●四季咲きのバラは、切れば咲く

四季咲き性のある木立性のバラは、よく日の当たるところで育てると、枝を切れば次の芽が出てきて次の花が咲きます。花が咲いたら、咲いた枝の半分を目安に、大きめの葉の少し上でカットしておくようにします。葉のつけ根に次の芽があり、そこから新しい枝が出てまた花を咲かせます。

株元から伸びる勢いのよい若い枝（シュート）は、下から5～7枚葉が伸びたら、芽先をピンチ（若い枝先を手で摘みとること）して育てます。そうしないと、シュートばかりに栄養が吸いとられ、ほかの枝が枯れてしまうことがあります。

冬（東京だと2月中旬すぎ）に、前年の初夏に最初に咲いた枝まで大きく剪定して樹形を整えます。

木立性（四季咲き）のバラの剪定・カット

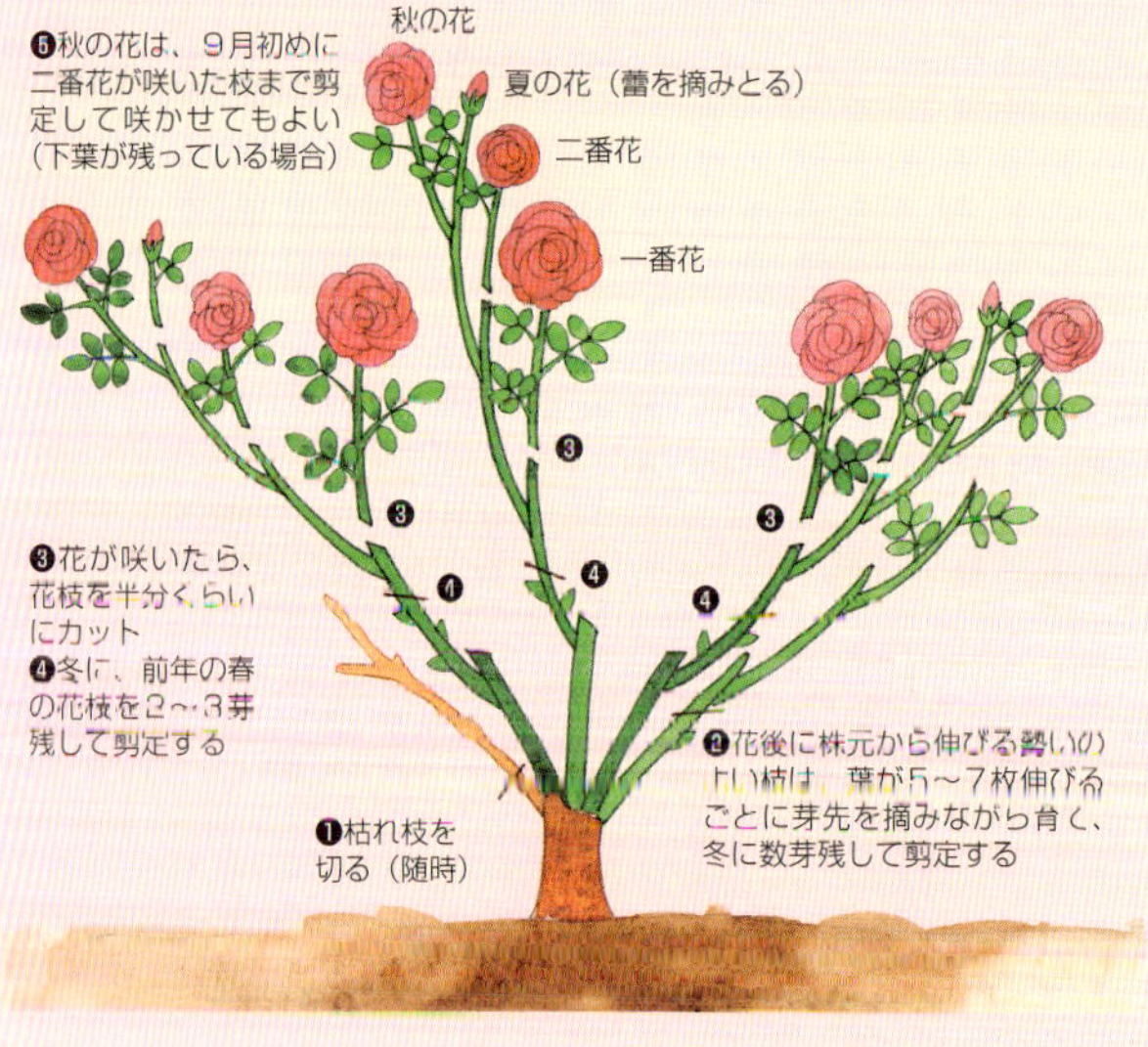
秋の花
❺秋の花は、9月初めに二番花が咲いた枝まで剪定して咲かせてもよい（下葉が残っている場合）
夏の花（蕾を摘みとる）
二番花
一番花
❸
❹
❸花が咲いたら、花枝を半分くらいにカット
❹冬に、前年の春の花枝を2～3芽残して剪定する
❷花後に株元から伸びる勢いのよい枝は、葉が5～7枚伸びるごとに芽先を摘みながら育て、冬に数芽残して剪定する
❶枯れ枝を切る（随時）

●一季咲きのバラは、切ったら咲かない

一季咲きのバラの多くは、オーガニックでも楽に育てることができます。つる性のバラや、オールドローズには、一季咲きのバラの品種がいろいろあります。

一季咲きのバラは、前年に伸びた枝に花芽がつきます。ですから、冬に短く枝を剪定してしまうと、花芽も切ってしまうことになり、何年育てても春に花を見ることができません。

つる性のバラは初夏に花が咲き終わったら、どうしてもじゃまな枝や、古くて元気がなくなってしまった枝を整理します。夏にはできるだけ枝を長く伸ばすようにし、冬に下図のように、葉がまだ残っている枝先を少しだけ切り、長く伸びた枝をできるだけ横に倒して、咲かせたい場所に麻ひもなどでやさしく結わえて固定します。

つる性のバラの中には返り咲きや四季咲きのものもありますが、同じように枝を横に倒して誘引します。

オールドローズは、場所が許せば、できるだけ剪定をしないで育てると、自然にアーチ形に枝垂《しだ》れてドームのように茂る美しい樹形を楽しむことができます。じつは、そのほうが株の勢いが出て育てやすいようです。

つる性のバラの剪定・誘引の仕方

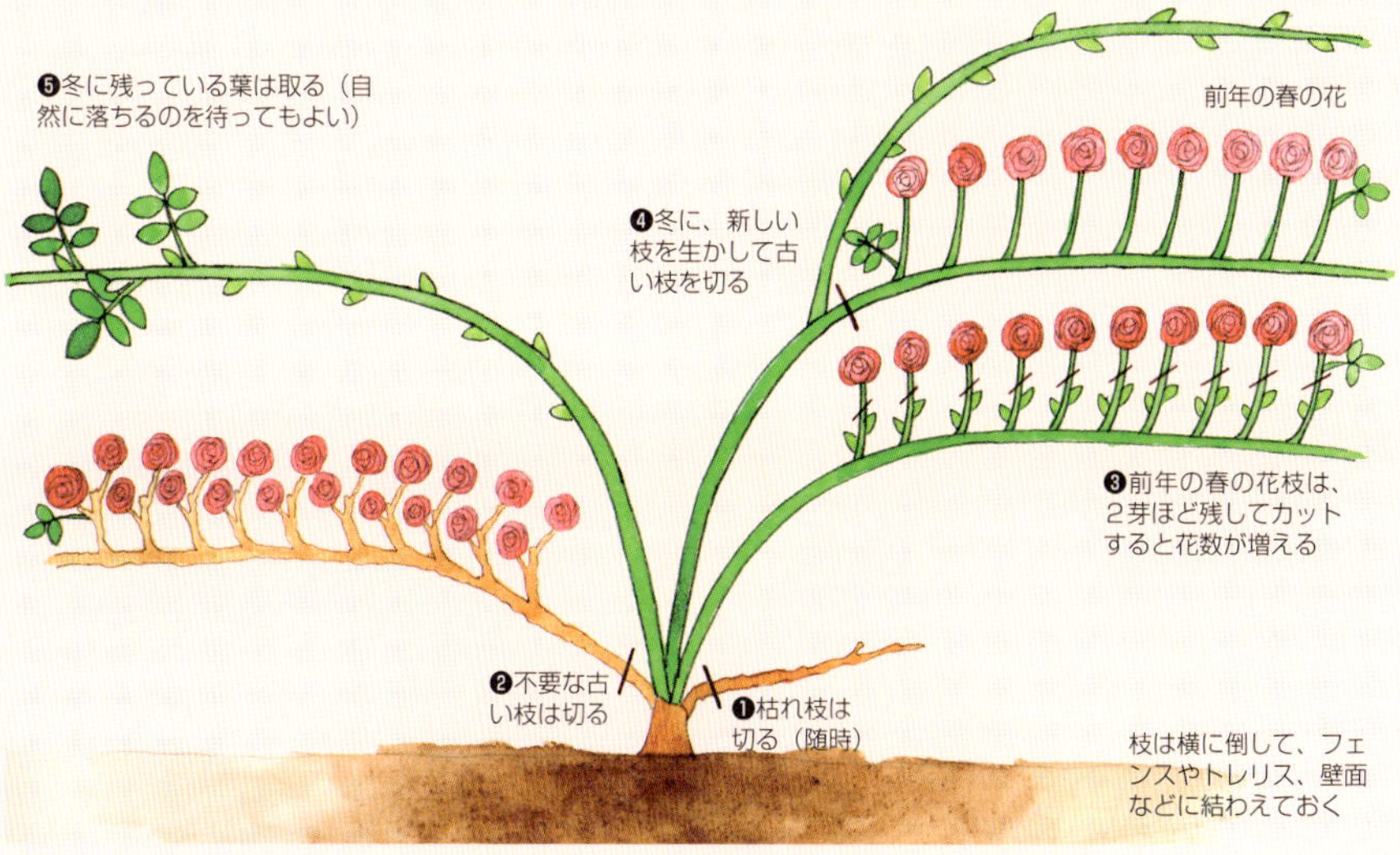

❺冬に残っている葉は取る（自然に落ちるのを待ってもよい）
前年の春の花
❹冬に、新しい枝を生かして古い枝を切る
❸前年の春の花枝は、2芽ほど残してカットすると花数が増える
❷不要な古い枝は切る
❶枯れ枝は切る（随時）
枝は横に倒して、フェンスやトレリス、壁面などに結わえておく

●半つる性のバラは、自由に育てられる

半つる性のバラは、育てる場所に合わせて自由に枝を伸ばしたり、短めに剪定して小さく育てたりすることができる品種が多く、オーガニックにも向く丈夫なバラがたくさんあります。オーガニックなバラ庭には、なくてはならないバラだと思います。

特に四季咲き性や返り咲き性があり、自立できる品種は有用です。

冬に、春一番最初に咲いた枝まで短く剪定すれば、木立性のバラのようにコンパクトに楽しむこともできますし、枝を伸ばしてフェンスやオベリスクに沿わせたり、アーチにからませたりすることもできます。

四季咲きや返り咲きの品種は、花が咲くたびに、花枝を半分くらいにカットしておきます。

一季咲きの品種は、夏に伸びる勢いのよい枝をできるだけ上に長く伸ばすようにし、冬に枝をできるだけ横に倒して麻ひもなどでフェンスやトレリス（薄い木の板を格子状に組んだもの。フェンスや仕切りなどの用途に使う庭の構造物）などに固定すると、春に多くの花を楽しむことができます。

半つる性（四季咲き）のバラの剪定・誘引の仕方

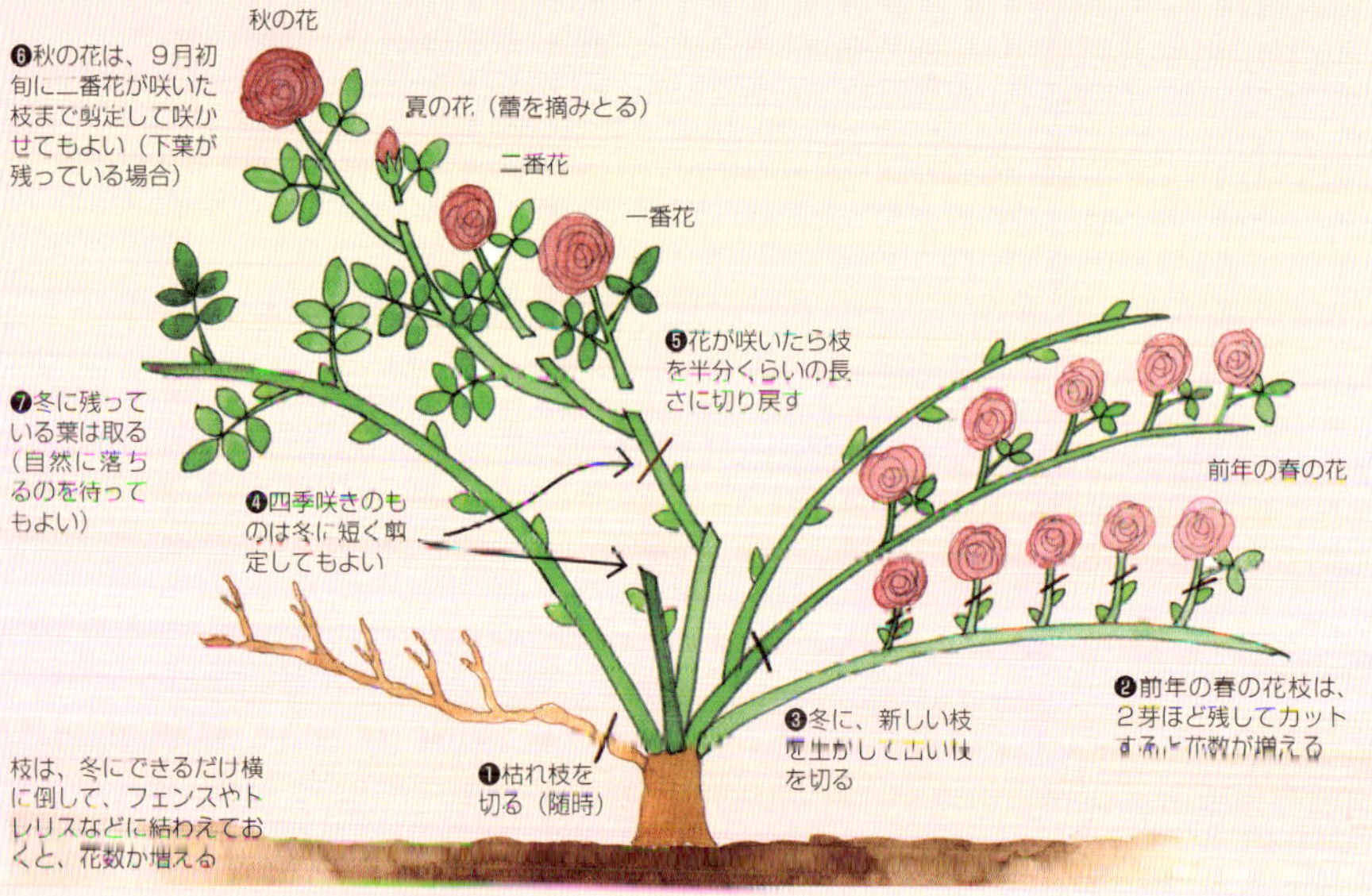

秋の花
❻秋の花は、9月初旬に二番花が咲いた枝まで剪定して咲かせてもよい（下葉が残っている場合）
夏の花（蕾を摘みとる）
二番花
一番花
❺花が咲いたら枝を半分くらいの長さに切り戻す
❼冬に残っている葉は取る（自然に落ちるのを待ってもよい）
❹四季咲きのものは冬に短く剪定してもよい
前年の春の花
❷前年の春の花枝は、2芽ほど残してカットすると花数が増える
❸冬に、新しい枝を生かして古い枝を切る
❶枯れ枝を切る（随時）
枝は、冬にできるだけ横に倒して、フェンスやトレリスなどに結わえておくと、花数が増える

●秋の剪定

秋のバラを美しく咲かせるために、四季咲きのバラには、9月初旬に剪定を施して樹形を整えます。

ただ、黒点病などで夏に下葉を落としてしまうことがあります。バラの樹勢を保つために、この時期の葉は一枚でも大切にしておきたいものです。ですから私は、秋の剪定は枝先を軽くカットする程度にとどめています。

夏にすっかり葉を落としてしまったバラでも、9月初旬に追肥して、このような軽い剪定をしておくと、新しい葉が元気に展開してきます。

秋のバラが咲いたあとは、花首のみ摘んで葉ができるだけ残るようにし、冬が来る前にできるだけ株に力を蓄えるようにします。

剪定・誘引時にとげから手を守る皮手袋は必需品。剪定バサミは替刃ができるものを使っている。結わえるのは、バラにやさしい麻ひもで

２月に枝を横に倒せば、たくさん花が咲く

バラの芽は、「頂《ちょう》芽《が》優勢《ゆうせい》」といって、枝の一番上に出た芽に伸びる力が集中します。

ですから、枝をまっすぐ上に伸ばしたままにすると、一番上端の芽だけが伸びて、花が一～二だけ咲きます。

木立性のバラは、縦に伸びた枝がたくさんあるので、剪定してもこんもり花が咲きますが、つる性のバラや半つる性のバラのように枝を長く伸ばすものは、枝を縦にしたままだと、花数がぐんと少なくなってしまいます。

そこで、長く伸びた枝を冬の間にできるだけ横に倒して、トレリスやフェンスなどに結わえておくようにします。横に倒した枝からは、葉がついていた場所全部から芽が伸びて、花を咲かせます。枝数が増えるので、次の年から花数が増えます。

この理屈は、木立性のバラにもあてはまるので、枝数や、花数を増やしたいときは、冬に枝を横に倒しておくようにしています。

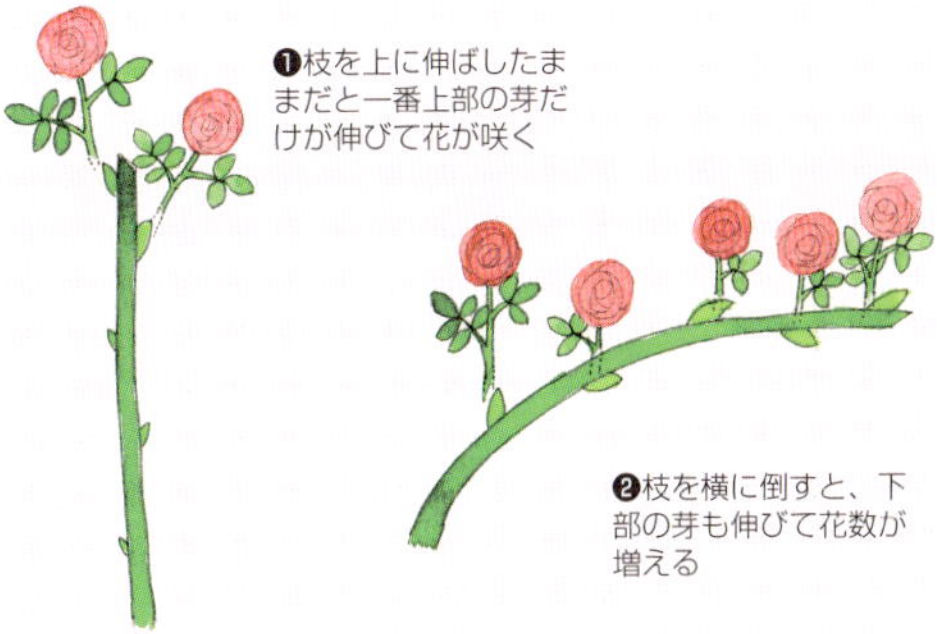

❶枝を上に伸ばしたままだと一番上部の芽だけが伸びて花が咲く
❷枝を横に倒すと、下部の芽も伸びて花数が増える

剪定・誘引の実例

木立性のバラ

写真は、ムンステッド・ウッド（四季咲き）というイングリッシュローズです。

木立性の樹形なので、鉢に植えて日当たりのよい場所で育て、満開になったら花壇の中に置き、庭の植物とのコンビネーションを楽しんでいます。

半つる性のバラ

半つる性の樹形のラヴェンダー・ラッシー（返り咲き）は、自由に枝を伸ばしてドーム状に咲かせています。雨が降ると水滴の重みで倒れてしまうので、目立たないように支柱を立てて結わえ、いつでも花がよく見えるようにしています。

つる性のバラ

マダム・アルフレッドゥ・キャリエール（四季咲き／↓89ページ）は、ほうっておくと家一軒覆ってしまえそうなくらい旺盛に伸びるバラです。

伸びた枝がアーチ状に枝垂れて横に倒れるので、無理に誘引せず、樹の途中を針金で壁に固定して枝先を枝垂れさせ、自然樹形を活かしてバラの木のように育てています。

バラは、薬剤散布しないと病気にかかりやすい？

丈夫な品種を選べば、無農薬でも枯れることはありません。また、「米ぬかオーガニック」を続ければ、うどんこ病は成木には出にくくなり、黒点病で葉を全部落とすことは少なくなります。

●丈夫な品種なら大丈夫

バラの病気で代表的なのは、春先に若い葉が白く粉をふいたようになる**うどんこ病**と、夏に葉に黒い斑点が出て黄葉し葉が落ちる**黒点病**です。そのため、バラ栽培には薬剤散布が不可欠のようにいわれてきました。しかし近ごろは環境に対する関心が高まり、薬剤に頼らなくてもよく育つ品種がいろいろ出まわるようになりました。

また、オールドローズといわれている古くから伝わるバラは、もともと化学農薬などない時代に生まれたものです。つるバラも無農薬で旺盛に育ちます。このような丈夫で旺盛に育つバラを選んで植えれば、オーガニックでも楽にバラを育てることができます。

ただ、植えて1～2年のバラはまだ成木になっていないため病気にかかりやすいので、まずは鉢植えにして風通しのよい場所でよく日に当てて育てるなど、丈夫に育てるための環境を整えることが大切です。

●「米ぬかオーガニック」を試みると

うどんこ病は、オーガニックでもバラの生育に支障がない程度にコントロールすることができます。

黒点病はどうしても発生しますが、病葉が黄色くなり完全に落葉してしまうことは少なくなるので、病葉も決してむしらずに大事にします。

STEP UP! **米ぬかまきと有機物マルチによる土づくり（→35～49ページ）や、発酵肥料をつくって使うこと（→47ページ）により、庭の環境が善玉菌優勢になり、うどんこ病が蔓延することはなくなります。**

うどんこ病の対処法

【うどんこ病】

春先や秋口に、若い葉や蕾のつけ根が粉をふいたように白くなります。

昼と夜の気温差が大きいと発生しやすくなります。

また窒素肥料が多すぎても出やすいといわれています。

蔓延させてしまうと、どんな処置をしても元通り葉がきれいに治ることはないので、予防や初期のうちに対処することが大切です。

対処法1
米ぬかをまくだけで防げる！「米ぬか花咲か爺さんまき」

オーガニック・ローズ仲間の梶浦道成さん考案

1 3月初めごろ、土づくりのための米ぬかまきをするとき（→35ページ）に、芽吹きはじめた芽や葉の部分にうっすらとかかるように、ぱあーっと花咲か爺さんのように米ぬかをまきます。

濡れた葉にまくとシミになることがあるので、葉が乾いている日を選んでまきますが、米ぬかが乾かず善玉菌が繁殖しやすいよう、夕暮れ時か曇っているときにまくようにします。

多くかかりすぎた米ぬかは、箒《ほうき》の先などでそっとはらっておきます。地面に落ちた米ぬかは、土を肥やす働きをするのでそのままで大丈夫です。

2 4月の下旬くらいまで、うどんこ病が出やすい間は、10日～2週間おきに、この「米ぬか花咲か爺さんまき」を続けます。

3 鉢植えのバラには、鉢土に米ぬかがたくさん落ちないよう気をつけながらまくようにします。

※鉢バラには、米ぬかのかわりに納豆・乳酸・酵母菌液（→59ページ）やヨモギの天恵緑汁（→60ページ）などの善玉菌を、様子を見ながら500～1000倍程度に水で薄めてスプレーしてもよいようです。

箒で軽くはたき、うっすらと残る程度にする

米ぬかをまいた直後

うどんこ病の対処法

対処法2

簡単、納豆・乳酸・酵母菌液のつくり方

えひめＡＩ－２（えひめＡＩ－２は、愛媛県工業技術センターで開発された環境浄化微生物ＡＩ－１を家庭にある材料でつくれるように開発されたもの）にヒントを得て、手近な材料でつくってみました。

うどんこ病が出てしまった若い株に薄めてスプレーすると、うどんこ病が乾いたような状態になって、広がりを抑えられます。

●**材料**（５００㎖のペットボトル１本分）

酵母

（白神こだま酵母小さじ１／２くらい）

ヨーグルト

（20～30ＣＣほど）

納豆　１粒

水　４５０ＣＣ

黒砂糖

（大さじ２～３杯）

●**つくり方**

材料をすべてビンに入れ、必ずふたをゆるめて、電気ポットのそばなど温かいところに置き、１週間ほど発酵させます。気泡がおさまり、よい匂いがしたらできあがりです。保管する場合は、ふたをゆるめて冷暗所に置きます。

●**使い方**

うどんこ病が出た若い株に、５００～１０００倍に薄めてスプレーします。１０００倍から始め、様子を見て、希釈倍率を変えましょう。

納豆・乳酸・酵母菌液をうどんこ病にかけたら、病菌がかさかさに乾き、広がりを抑えることができた

仕込んでから１週間、よい匂いがして濁りが沈み透きとおってきた

対処法３

米ぬかすりすり作戦

オーガニック・ローズ仲間の佐藤和彦さん考案

うどんこ病の初期に、米ぬかをそっと指でこすりつけると、消しゴムで消したようにうどんこ病が消えます。

※このほかに「米ぬかシュガー作戦」を『無農薬でバラ庭を』で紹介しています。また、オーガニック・ローズ仲間の実践を紹介した『バラはだんぜん無農薬』も参考にしてください。

うどんこ病の対処法

対処法4

ヨモギの天恵緑汁《てんけいりょくじゅう》

天然の活力剤です。うどんこ病の予防や、出てしまったときにスプレーすると一時的にうどんこ病が消えます。元気になるまで数日おきに500倍に薄めたものでスプレーを繰り返します。

●つくり方

1 春先のヨモギの新芽をスーパーのレジ袋に1袋くらい、黒砂糖、家庭用漬物器を用意します❶。

2 ヨモギと黒砂糖を交互に重ねて容器に入れ❷、ぎゅうぎゅうになるまでつめこんで、漬物器のふたを閉め、ネジでしっかりと押さえます。

3 1週間ほどで黒い汁が上がり、よい匂いで発酵しはじめます。

保管する場合は、汁のみを容器に移し❸、冷暗所に置きます。容器のふたは、必ず少しゆるめておきましょう。

❶

❷

❸

天恵緑汁Q&A

Q つくっている最中に、黒い液の上に白カビみたいなものが浮いてきました。このまま使用してもよいのでしょうか。

A ヨモギの汁の上の白いカビみたいなものは、昔のお醤油のカビと同じようなもので、おそらく善玉菌のコロニーかと思われます。私がつくったものにも出たことがありますが、使っても大丈夫でした。

Q 天恵緑汁をつくってみようかと思っています。スーパーのレジ袋いっぱいのヨモギに対して黒砂糖はどのくらい必要でしょうか?

A 重量でいうと、ヨモギの重量の3分の1が基本だそうです。容器にヨモギをひとつかみ入れては黒砂糖をまぶすようにふり、交互に重ねていきます。

Q 天恵緑汁に挑戦しましたが、2週間経過しても黒い汁ができません。底にわずかに茶色い液があるだけです。

A ヨモギの量が少ないのかもしれません。暖かくなるのを待って、スーパーのレジ袋いっぱいになるくらい摘んできてはいかがでしょう。それを家庭用の漬物器にぎゅうぎゅうに押しこんで黒砂糖とサンドイッチ状に漬けこみます。1週間で黒い汁が上がってくると思います。

黒点病の対処法

【黒点病】

夏から秋にかけて、葉に黒いシミのようなものが出ます。

病気が進むとやがて葉全体が黄色くなり、落葉してしまいます。

葉を全部落とすと樹勢が衰え、四季咲き性のあるものでも秋の花は望めなくなったり開花が遅くなったりします。

雨や夜露で長時間葉が濡れたままだと発生しやすくなります。どうしても黒点病にかからせたくなければ、雨が当たらない場所で育てるようにします。

対処法

「米ぬかオーガニック」を続けると、病気が出ても葉が黄色くなって落ちず、木に長くとどまるようになってきます。

黒点が出た葉も光合成を行なう大切な葉なので、決して摘みとらず、新しい葉が展開してバラが回復するまではそのまま残しておきます。

このくらいの状態なら葉は摘まずに残しておく

黒点病で葉を落としてしまったバラは、枝先を軽く切り戻し、肥料を与えて新しい芽を吹かせます。

葉を落としても木に力があれば、すぐにまたきれいな葉を茂らせて復活させることができます。

夏に黒点病で葉を落としたが、秋にまた葉が展開しはじめた

虫対策は？

オーガニック栽培を始めて3年間ほどは、ニームオイルをまいたり、手で虫を取ったりして対処しますが、庭の生き物たちのバランスがとれてくれれば、ほとんど何もしなくてもオーガニックなバラ庭を楽しめるようになります。

無農薬でバラを育てていると、たくさんの虫や生き物たちが庭に集まってきます。中には、バラの生育に害を及ぼす虫も少なくありません。

無農薬でバラ庭づくりを始めた最初の年は、虫の被害を受けがちですので、手で取ったり、ニームオイル（肉食の虫には害を与えない天然の薬剤）をまいたりして防除に努めます。ニームオイルは、規定の倍率で週に1～2回、日差しを避けて朝か夕方、曇りの日にまきます。

オーガニックで1～2年管理し、いろいろな生き物たちが庭に集まってくるようになると、何もしなくても、ひとつの虫だけが庭に蔓延してしまうことはほとんどなくなります。

生き物たちの力は侮《あなど》りがたく、びっしりとついたアブラムシだってほんの数日でいなくなってしまうこともあります。アブラムシは、テントウムシやヒラタアブのごちそうです。もし化学農薬をまいてアブラムシが庭からいなくなってしまったら、彼らは生きていくことはできません。さまざまな生き物たちがバランスよく庭にすんでいてくれることが、オーガニックなバラ庭を維持していくための秘訣です。

大切なのは、どんな虫や生き物たちがいるのか、どんな働きをしているのか、生き物どうしのかかわり、植物とのかかわりなどについて正しい知識をもつことだと思います。そのためにはとにかく観察が大事です。

そのうち、生き物たちが庭で繰り広げるドラマについつい見入ってしまうようになるかもしれません。

庭の虫と対処法

【アブラムシ】

春先から、緑色のぷくぷくっとした小さな虫が、バラの新芽や蕾のつけ根に群がります。バラの汁を吸って、あっという間にふえ広がります。庭で多くの生き物を養う、海の中でいうとプランクトン的な存在です。大発生したときは、水で洗い流すようにして手で取りますが、テントウムシやヒラタアブたちの大事な糧なので、薬剤で一掃する必要はありません。

【テントウムシ】

〈成虫・幼虫はアブラムシを食べる〉

初夏のころから、庭の片すみで越冬した成虫が現われ、庭で産卵します。

成虫も幼虫も、アブラムシをたくさん食べてくれます。幼虫は、時には、小さなイモムシも食べてしまいます。一度庭にすみつくと年々数がふえていきます。近くの草むらから幼虫を連れてきて庭に放すのもおすすめです。

卵

幼虫

蛹

成虫

【ヒラタアブ】

〈幼虫はアブラムシを食べる〉

早春から、成虫が現われアブラムシのコロニー近くに小さな白い卵を産みつけます。幼虫は、旺盛にアブラムシを食べ、あっという間にアブラムシのコロニーはなくなってしまいます。

成虫は、花粉を求めて開花期にもさかんに庭を訪れます。

卵

幼虫

幼虫

蛹

蛹

蛹

成虫

成虫

庭の虫と対処法

【アブラバチ】

〈幼虫はアブラムシに寄生〉

親は、アブラムシの体に卵を産みつけます。寄生されたアブラムシは、写真のようにぱんぱんに体が膨れて風船のようになります。中からアブラバチが生まれるので、つぶさずに大事に残しておきます。

【クサカゲロウ】

〈幼虫はアブラムシを食べる〉

初夏のころ、優曇華《うどんげ》の花といわれる神秘的な卵を見かけます。幼虫は、旺盛にアブラムシを食べてくれます。

【クロケシツブチョッキリ（バラゾウムシ）】

鼻先がとがった、黒い芥子粒のように小さな虫です。バラの新芽や蕾に産卵してしおらせ、地面に落として幼虫のゆりかごにします。

クロケシツブチョッキリは、ほかの生き物だけにまかせておいてもなかなか被害を食い止めることはできません。バラの蕾に産卵するので、しおれてカリカリになった蕾は地面に落とさないよう摘みとって処分します。蕾がつくころに、よく見まわり捕殺しますが、ぽろっと落ちて逃げられてしまうので、かならず手のひらのお皿を添えてつまむようにします。

バラの花陰に潜む

あまりに発生数が多いときは、ニームオイルを規定の倍率で薄めたものを2〜3日おきに散布すると、数を減らすことができます。

被害にあうのは、たいてい植えたばかりのバラや少し樹勢が衰えたバラの蕾です。元気なバラには、不思議と被害がありません。

もしかしたら、無理して花を咲かせることで体力を消耗しないよ

産卵中のクロケシツブチョッキリ

庭の虫と対処法

う、バラがクロケシツブチョッキリを呼んでいるのかもしれないと思うこともあります。

クロケシツブチョッキリは、自然の摘蕾《てきらい》屋さんでバラが健康に育つ手伝いをしてくれている……と思えれば、にくらしいと思った姿も案外かわいく思えてきます。

クロケシツブチョッキリの幼虫

【ハナグモ】

〈クロケシツブチョッキリなどを食べる〉

バラの蕾や花の近くで、じっと獲物を待っています。糸を張って巣をつくることはありません。クモ類は貴重な庭の守り番です。

農薬をまくと、クモのような肉食の虫がいなくなり、植物を食害する虫が蔓延し、また農薬をまくという悪循環が繰り返されてしまいます。

【ホソオビアシブトクチバ】

昼間は、バラの茎にぴったりとへばりつくようにして潜んでいます。夜になると現われて、蕾を丸かじり。夜9時過ぎに、昼間見つけた食害跡のあたりを見に行くと、食べている真っ最中のところを発見できます。見つけたら捕殺します。

写真提供／中村良美

【イモムシたち】

庭には、いろんな種類のイモムシたちがすんでいます。葉をかじったり、大事な花をかじったり……。見つけたらすぐに手で取りますがハチや鳥の大切な糧でもあります。

葉にかじり跡はあっても、イモムシは鳥かハチに捕食されて姿が見えないというのは、よくある光景です。

ハバチの幼虫

食べるのに夢中

黄緑色のイモムシ

庭の虫と対処法

【チュウレンジバチ】

バラの茎に縦に筋をつけたようにして産卵します。幼虫は、葉を取り巻くようにしてバラの葉に食らいつき、旺盛に食害します。

下右の写真のように、1枚の葉のまわりに群がっている小さなうちに見つけ、取り去りますが、鳥やハチの糧にもなります。

チュウレンジバチの産卵

花びらを食べる幼虫

このくらいのときに手で取る

【コアシナガバチ】

〈イモムシたちを食べる〉

毎年春、庭の片すみに巣をつくりはじめます。葉の裏をたんねんに見まわって、イモムシたちを一掃してくれます。

こちらから刺激しなければ、スズメバチほど攻撃性は高くなく、巣の近くをさわらないなどの注意をすれば、庭で共存できます。（一度ハチにさされると二度目はショック状態になることがあるので、そのような場合は、巣を早めに取り除いてください。）

【シジュウカラ】

〈イモムシたちを食べる〉

庭にかけた巣箱で毎年営巣します。子育て中は、数分に一度、巣箱にイモムシなどの餌を運んできます。直径28～29ミリの巣穴の巣箱を用意し、11月にはかけておきます。夏になると、巣立った子どもたちを連れたつがいの親鳥が家族でもどってきて、庭のイモムシを食べてくれます。

晩秋に巣箱の中を掃除する。精緻かつ清潔につくられた巣にびっくり

ヒナに餌を運ぶ親鳥

【カマキリ】

肉食の昆虫です。春から秋までの長い期間、あらゆる虫を食べてくれる頼もしい庭番です。毎年庭のどこかに産卵し、世代交代しながら庭で生きつづけています。

上から、卵、幼虫、成虫

庭の虫と対処法

【コガネムシ】

6~9月に、腐葉土など有機質たっぷりの土に産卵します。

幼虫は、有機質を食べて成長しますが、鉢の中に産卵されると、孵化した幼虫がバラの根を食害して、バラが枯れる原因となることがあります。

コガネムシは、ニームオイルのにおいが嫌いなようです。

鉢植えのバラには、夏に月に2回ほどニームオイルを規定の倍率で薄めたものを灌水するか、ニームオイルを規定の倍率より少し濃いめに薄めたものをしみこませたくん炭などでマルチするようにしています。

コガネムシの幼虫
写真提供／中村良美

【ゴマダラカミキリ】

カミキリムシの幼虫はテッポウムシといわれています。

6~9月にかけてバラの幹や株元に産卵し、幼虫はバラの幹や根を中から食い荒らしながら成長し、幹の中で蛹となり羽化します。被害にあったバラは、最悪の場合、枯れてしまいます。

ゴマダラカミキリの成虫

幹に幼虫が入ると、侵入穴からおが屑のようなものが出ます。6月ごろからは株元の風通しをよくしておき、常によく見まわって、おが屑のようなものを発見したら、侵入穴を針金でぐいぐいつついて幼虫を刺殺するか引きずり出すことができれば安心です。

ゴマダラカミキリは、庭に飛来するとバラの枝をかじります。かじり跡があったら、どこかに潜んでいる証拠。

ニームオイルを規定の倍率で薄めたものを噴霧器で庭全体にまくと出てくるので、捕殺します。成虫は動きが緩慢なので、容易に捕まえることができます。

私は、6~9月にかけて、バラの株元から1メートルくらいの高さまで、ニームオイルを規定の倍率よりも少し濃いめに薄めたものを、月に2回ほどしっかりと噴霧しますが、うっかりしていると毎年のように被害にあいます。

ゴマダラカミキリの幼虫（テッポウムシ）
写真提供／中村良美

テッポウムシが入った穴
写真提供／中村良美

おが屑のような幼虫の糞

庭の虫と対処法

【ハダニ】

夏にバラの葉裏につくことがあります。ハダニがつくと、葉が白っぽく変わり落葉してしまいます。天敵たちが働いてくれているためなのか、オーガニックな私の庭では、ハダニのひどい被害はあまり感じたことがありません。ハダニは水に弱いので、葉裏から水をかけて防除するとよいようです。

【カイガラムシ】

バラの幹について吸汁します。風通しの悪いところに発生しやすいようです。風通しがよくなるように枝を整理し、歯ブラシなどでこすって落とします。

【ナメクジ】

夜になると現われて、弱った花や葉をかじります。懐中電灯を持って夜まわりし、箸で取るのが一番効果的な防除法です。カフェインが苦手なので、鉢のまわりにコーヒーや紅茶のかすをまいておくと、寄りつきにくくなります。

クレマチスを食べるナメクジ
写真提供／梶浦道成

カイガラムシ

参考図書

『虫といっしょに庭づくり』

無農薬でバラを育てようと思ったら、庭の虫たちを知ることがとても大切です。

バラの花や蕾や葉を食べてしまう憎いヤツもいれば、それらを食べてくれるありがたい虫たちも。

やっかいな虫と思っていても、よくよく観察していると、不思議と愛着がわいてくることもあります。虫が嫌いな人でも、虫のことを知ると意外と興味が出てくるかもしれません。

そんな庭の虫の観察に、おすすめなのがこの本。オーガニック・ガーデンを提唱するプロの植木屋さんが書いた本です。

バラに集まる虫だけではありませんが、庭にすむさまざまな虫たちの生態と役割が、わかりやすい写真と解説で紹介されています。特に、ひとつの虫について、卵・幼虫・蛹・成虫が一目でわかるようになっているのがたいへん実用的。

この本を片手に、楽しくて不思議な虫の世界をそっとのぞいてみてはいかがでしょうか。

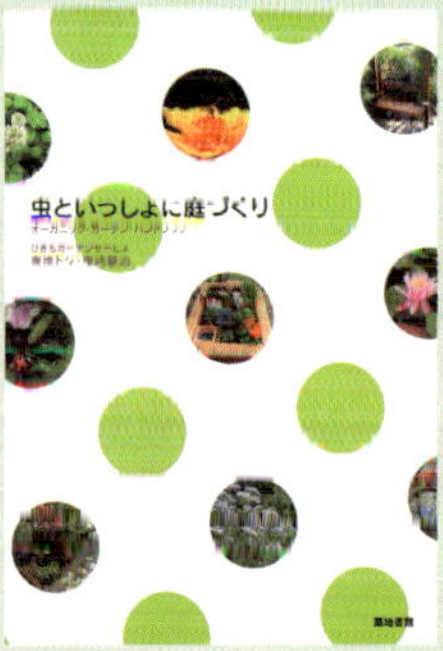

ひきちガーデンサービス著
築地書館発行

第2章

オーガニックで育てやすいバラ35種

日照があまり十分ではない住宅地の小さな庭でも育てやすいと思われる
丈夫なバラの中から、庭での演出に効果があると思えるものを紹介します。
すべて、私がオーガニックで育てているバラたちです。
無農薬でバラ庭をつくるときにベースとなるバラを、
このような丈夫で旺盛な品種から選ぶと、
わりあいと楽にバラ庭を維持することができます。

半日陰のメインの庭を彩るのは、
オーガニック向きの丈夫なバラたち

鉢植えで育てているバラ

はじめてバラを育ててみようとするとき、まずは鉢植えで、と思われる方も多いと思います。

私の庭では、ほうっておいても育つような丈夫なバラや一季咲きのバラは地植えに、手をかけて大切に育てたいバラや四季咲き性のよいバラは、鉢植えにしています。特に、苗を手に入れた最初の年は、耐病性にも乏しいので、多くの場合、まずは鉢植えで育ててみます。

鉢植えの利点は、最初から最良の土をブレンドして、よく根を張らせて育てられること、日照を求めて鉢を移動できること、満開になったら、好きな場所に置いて楽しめることなどです。ただ水やりや施肥などに絶えず気を配り、地植えよりも日常的に世話が必要です。

私の庭で、鉢植えで元気に育っているバラたちを紹介しましょう。

※バラ名の下に書かれているのは、バラの作出者（社）や系統（グループ）、咲き方、樹形です。

スキャボロー・フェア

初心者

イングリッシュローズ
四季咲き／木立性

半八重の清楚な花が、ふんわりと開きます。黄色の花芯が美しく、花粉はヒラタアブ（幼虫はアブラムシを食べる）のごちそうで、よく飛んできます。

鉢植えにぴったりのバラで、枝がこんもりと茂り、細い枝先にもよく蕾をつけるので、剪定は、あまり深く切り戻さずに、枝先を軽く切る程度で十分です。

病気にかかりにくく、オーガニックでも秋までよく咲きつづけることも、このバラの大きな美点です。

ダーシー・バッセル

イングリッシュローズ
四季咲き／木立性

嫌みのない透明感のある赤い花色が、庭の中でぱっと目をひきます。

木立性ですが、大きめに育つので、ミニオベリスクやトレリスを添えて、枝を支えるようにしてもよいでしょう。

私は、大鉢に植えつけて、しなやかに伸びた枝をオベリスクにぐるぐる巻きつけて育てています。

花が咲いた枝を半分くらいに切り戻しておくと、秋遅くまで咲きつづけます。

サー・ジョン・ベッジャマン

イングリッシュローズ
四季咲き／木立性

愛らしい表情のはっきりとした色合いのピンクの花が、庭に明るい雰囲気を添えてくれます。

あまり大きくならず、こんもりと枝が茂りよく蕾をつけるので、鉢植えに向くバラだと思います。

私の庭で育ててみて１年目の感想ですが、春先のうどんこ病は問題ありませんでしたが、夏の黒点病には注意が必要かもしれません。ただ、葉を落としてもまた復活してくる強さをもっていると感じています。

ウエッジウッド・ローズ

初心者

イングリッシュローズ
四季咲き／半つる性

白をベースに、上品な花びらいっぱいにグラデーションが広がり、とても美しい花を咲かせます。

枝がつるのように伸びるタイプのバラですが、手に入れたばかりなので、まずは鉢植えで育てています。最初の年からうどんこ病がまったく出ず、とても丈夫なバラだと感じています。

小さめのつるバラとして地植えにし、アーチやトレリスに沿わせるといいでしょう。香りも高くおすすめのバラです。

キュー・ガーデン

イングリッシュローズ
四季咲き／木立性

一重の白い花弁と黄色の花芯の組み合わせが大変愛らしい白バラです。

このバラも手に入れてまだ１年なので、まずは鉢で育てていますが、うどんこ病はまったく出ていません。

花摘みをして実をつけなければ、夏の間も次々と蕾をつけて、秋まで咲きつづけるそうですが、私の庭では日照が足りないのかそれほどでもありませんでした。

とげがほとんどないので、ベランダなどにもおすすめです。

レディー・オブ・シャーロット

イングリッシュローズ
四季咲き／半つる性

目をひく花色ですが、嫌みがなくとても上品な色合いで、数輪でも、バラが咲く庭の喜びを感じさせてくれます。

植えつけて最初の年もうどんこ病がまったく出ませんでした。

春の花後も青々とした葉をたたえ、夏の間も弱ることなく旺盛に弓なりのしなやかな枝を伸ばしながら花が咲きました。

長めに枝を伸ばすタイプなので、小さめのオベリスクに巻きつけるか、トレリスに枝を横に倒して誘引して咲かせると、絵になりそうです。

レディー・エマ・ハミルトン

初心者

イングリッシュローズ
四季咲き／木立性

明るい花色が素敵なバラです。

最初の年から青々と葉が茂り、旺盛に育ちました。香りもよく、四季咲き性もいいので、咲くたびにうきうき楽しい気持ちになります。

木立性に育つバラですが、放任すると大きめに育つので、花が咲いたら枝を半分くらいに切り戻しながらこんもりと育てます。春に咲いた枝を2芽くらい残して冬に剪定すると、樹形もバランスがよくなり、花もよく咲きます。

アラン・ティッチマーシュ

初心者

イングリッシュローズ
四季咲き／半つる性

伸びた枝先に、深いカップ咲きで、陰りを感じさせる淡いピンクの花がうつむいて咲きます。

大鉢で育てていて一度元気がなくなってしまったのですが、小さめの鉢に植え直してみたら見事に復活。丈夫なバラだと思いました。四季咲き性もいいです。

枝が長く伸びますが、トレリスやオベリスクで支えても、剪定をして木立性のバラのように咲かせても、どちらでも素敵です。

イングリッシュローズの最新品種を育ててみて

毎年5月に西武ドームで開催される「国際バラとガーデニングショウ」でのこと。デビッド・オースチン社のブースで、イギリスから来たスタッフの方と話をしたことがあります。

私が、無農薬でバラを育てているというと、たいへん興味を示してくれて、日本での無農薬栽培の実践結果はよいデータなので、ブログを教えてほしいといわれました。

そして、バラは品種によっては無農薬でも大丈夫だし、イングリッシュローズも最近の品種は無農薬でも育てられると教えてくれたのです。

実際、イングリッシュローズは年々耐病性が向上していると私も感じています。

特にうどんこ病にはかかりにくく、植えた最初の年でも、ぴかぴかの葉のまま、開花を迎えることができるバラがほとんどです。

ヨーロッパでは、環境に対する意識が高く、先進的な取り組みもさかんに行なわれているようです。

イングリッシュローズだけでなく、フランスのバラも、ドイツのバラも、無農薬でも育てられるような品種がどんどん世に出ています。たいへん嬉しいことですね。

ジェントル・ハーマイオニー

初心者

イングリッシュローズ
四季咲き／木立性

淡い花色が繊細で、香りもよくとても上品で、おすすめのバラです。

枝はやや弓なりになってしなやかに伸びていくのですが、大きくなりすぎないので、扱いやすいです。

無農薬でも育てやすく、秋にも深い花色できれいに咲いてくれました。

冬に、前年の春、一番花が咲いた枝を 2〜3 芽残して剪定して、木立性のこんもりとした樹形にして育てるといいでしょう。

ペッシュ・ボンボン

デルバール社
四季咲き／半つる性

まるで虹のように複雑に混ざり合った不思議な色合いがちっとも嫌みではなく、このバラの魅力となっています。花びらの先にかわいらしい刻みが入って、愛らしさを引き立てます。

枝は直立状に伸びるので、大きくなってもじゃまになりません。

植えつけた最初の年でもうどんこ病がまったく出ず、夏に葉を落としてもすぐに復活し、旺盛に育っています。

ブリーズ

デルバール社

四季咲き／半つる性

　まっすぐに伸びた枝先に、お椀を置いたように開いた花は、繊細な美しさをたたえ、清楚な印象を与えるバラです。白ともアイボリーともつかない、まるで桜の染井吉野のようなやさしい色合いに心ひかれます。秋の花は少なめです。

　直立状に枝を伸ばし、剪定すればコンパクトにもなりそうなので、鉢でも育てやすいと思います。

　植えつけた最初の年でもうどんこ病にならず元気に育っています。

ローズ・ポンパドゥール

デルバール社

四季咲き／半つる性

　ふくよかな花びらと濃厚な香りが、円熟した女性の美しさを連想させます。

　四季咲き性のよいバラです。

　鉢で育てているので、冬に太い枝を強く剪定してみたのですが、ちゃんと芽が出てきて元気に育ちました。地植えにすれば大きく育つバラなので、フェンスやアーチに沿わせるとよいでしょう。

　植えつけた最初の年でもまったくうどんこ病が出ず、夏も葉を保ちました。

ボルデュール・アブリコ

初心者

デルバール社

四季咲き／木立性

明るい色合いがぱっと気分を軽やかにしてくれます。ひらひらした花びらがかわいらしく、何にでも合わせやすい気どりのないバラです。

デルバール社のバラの中でも特に強健な性質をもつバラのひとつです。

私の庭のボルデュール・アブリコは、夏に枝が全部枯れこんでしまったのですが、株元からまた芽が吹いてきました。

あまり大きくなりすぎず、鉢植えでも育てやすいようです。

ジェネラシオン・ジャルダン

初心者

デルバール社

四季咲き／半つる性

このバラも、デルバール社の中でも特に強健なバラです。

いかにもバラらしい、ローズピンクの華やかな色合いは、庭を明るくしてくれます。

夏の間、虫に食われても、葉を落としても、負けずに芽が吹いてきて枝数が増え、元気に育っています。

小さめに剪定して育てれば鉢でも楽しめますし、地植えで大きく育て、フェンスやアーチに沿わせるのもよさそうです。

フラウ・ホレ

コルデス社

四季咲き／半つる性

初心者

　やせ地や手入れのしにくい場所でも、よく育つように品種改良されたバラです。

　ひらひらとした花びらがとてもかわいらしいバラです。花つきがよく、スプレー状に開いた枝先にたっぷりと蕾をつけます。

　春には新葉がつやつや光ってたいへん美しく、植えつけた最初の年でもうどんこ病になりませんでした。

　私は花壇に直接植えつけてしまいましたが、横に広がるように枝が伸び、とげも少なく扱いやすいので、鉢植えでも育てやすい品種です。

コスモス

コルデス社

四季咲き／半つる性

　花は、オールドローズのように花びらの重ねが美しく、しかも強健。

　日照があまり十分ではない場所で育てているのですが、病気にしらず、どんどん新しい枝や葉が伸びてきました。

　濃い緑の葉が、淡い色合いの花ととてもよく合います。

「コスモス」とは、宇宙という意味。香りもあり、おすすめのバラです。

アンダー・ザ・ローズ

岩下篤也
四季咲き／半つる性

どこまでも深く吸いこまれるような色合いと香りが、オールドローズを思わせます。でも、このバラは、四季咲きをするのです。

美しいとげがびっしりついた枝は、旺盛に伸び、次々と蕾をつけます。繊細な花容に合う明るい色味の柔らかで薄い葉は、病気にかかりにくく丈夫です。

花をカットして花瓶に飾っておいたら、ぱっとテーブルに散った花びらが自然に乾き、深くてシックな赤になっていました。散った姿も美しい、ドラマを感じさせるバラです。

しなやかな枝が長く伸びるので、トレリスやオベリスクに添えて咲かせると、記憶に残るバラ庭の風景をつくることができるでしょう。

ブノワ・マジメル

岩下篤也
四季咲き／木立性

豊かな香りとともに蕾がふっくらと深いカップの形で開いてきて、そのまま端正なころんとした花形を保ちます。

切り花にして飾っておいてもたいへん花もちがよく、アレンジの草花や葉物との取り合わせを考えるのも楽しみな、気品あふれるバラです。

丈夫で、しっかりとした枝がすっと上に伸びるので、鉢植えにも向いています。

ベラドンナ

岩下篤也
四季咲き／木立性

ライラックピンクの整った剣弁の豊かな表情の花は、成熟した大人の女性を思わせます。色が少しずつ褪せていく様子にも魅せられ、最後まで目が離せません。芳香も魅力です。

新苗から育ててみたのですが、うどんこ病にはまったくなりませんでした。

夏に、葉を落としてしまいましたが、秋にはしっかり新しい芽を吹き回復してきたので、とても丈夫なバラなのだと実感しました。

冬に樹形を考えて剪定を施し、コンパクトに育てるつもりです。

ピエール・ドゥ・ロンサール

初心者

メイアン社
一季咲き（返り咲き）／つる性

白い花びらに、品のよいピンクが縁どるようにのった大輪の花は、誰でも一度は育ててみたいという憧れの気持ちを抱かせてしまうようです。

本来は壁を覆うように大きく育つつる性のバラなのですが、私は濃いピンクのヴィヴィッドというバラと寄せ植えにし、ミニオベリスクにぐるぐる巻いて咲かせてみました。

つる性のバラでも、仕立て方によっては、鉢でも十分楽しむことができます。

ピンク・サクリーナ

初心者

メイアン社
四季咲き／半つる性

白に近いピンクの清楚な花びらが集まる中心に、濃いピンクの蕊《しべ》がたいへん美しく広がる素敵な一重のバラです。花びらが散りぎわまで美しいままで残り、最後は桜のようにはらりと散っていきます。

たいへん丈夫なバラで、しなやかな枝がアーチ状に伸びるそうですが、私は、鉢でコンパクトに剪定して育てています。

ボレロ

初心者

メイアン社
四季咲き／木立性

はじめてバラを育てる方に、おすすめのバラをひとつだけ選ぶとしたら、私はこのバラを選びます。

まず、無農薬でも丈夫で旺盛に育つこと、花が美しいだけでなく香りがとてもよいこと、鉢植えでも育てやすいコンパクトな大きさと樹形であることがその理由です。

このようなバラがたくさん作出されてくれば、無農薬でのバラ育ても、さらに気軽に楽しめることでしょう。

フェンスやトレリスに沿わせるバラ

次に紹介するバラたちは、しなやかな枝を長く伸ばす半つる性やつる性のバラです。

冬の間に枝を横に倒して庭のフェンスやトレリスに結わえておくと、春にたくさんの花を咲かせることができます。このタイプのバラは、鉢でも楽しむことは可能ですが、一番魅力を発揮するのは、やはり地植えにした場合ではないでしょうか。

私の庭の場合、地植えにすると、日当たりなどの環境がよいところばかりとは限りません。また、手入れも鉢植えのバラのようにまめにすることもできません。

ですから、私は、こういった場所には、できるだけ丈夫で旺盛で、ほうっておいても元気に育つ、ほとんど手間がかからないバラを植えるようにしています。

※バラ名の下に書かれているのは、バラの系統、咲き方、樹形です。

コーネリア

ハイブリッド・ムスク

四季咲き／半つる性

初心者

春、小輪の花が房になってフェンス一面に咲く、うちの看板娘です。15年前に、輸入されたごぼうのような裸根の苗を直接庭に植えて、育てました。長年育てているうちに、幹は樹木のように太くなりました。

長く伸びた枝の中ほどから毎年新しい枝が長く伸びるので、冬に古い枝先は切り、新しく伸びた枝を横に倒して誘引すると、春、たわわに花が咲きます。

日照は決して十分とはいえない場所なのに、秋遅くまで繰り返しよく花をつけます。

うどんこ病や黒点病にも強く、秋まできれいな葉を保ちます。

香りもよく、申し分ないバラだと思います。

プロスペリティ

ハイブリッド・ムスク
返り咲き／半つる性

初心者

日陰にも病気にも強い信頼できるバラです。

濃い緑の葉と純白の花房のコントラストが清らかな印象です。

とげがちょっときついのですが、トレリスのそばに植え、枝を支えるように結わえておいたら、自然な感じで枝を広げ、樹形が整いました。

このバラも秋遅くまでほんとうに繰り返しよく咲いています。

アルベルティーヌ

ラージ・フラワード・クライマー
一季咲き／つる性

アルベルティーヌは、香りがとてもよく、夏の朝日しか当たらないわが家の北側のフェンスで、毎年あふれるくらいの花を咲かせます。

伸びる力も強く、数年で、7メートルほどのフェンス全体を覆ってしまいました。

お気に入りのバラです。

とげがきついので、夏の間は、伸びる枝が暴れて人を傷つけないよう、フェンスなどに仮留めをしておきます。冬に、古い枝や不要な枝を切り捨て風通しをよくしておき、花枝は2～3芽残して切り戻して、新しい枝を中心にできるだけ横に倒すようにして、フェンスなどに麻ひもなどでしっかりと結わえつけます。

スノー・グース

イングリッシュローズ
返り咲き／つる性

初心者

デイジーのように細い花びらの小さな花が房になって咲きます。咲きはじめのころは、早朝はクリームイエローが花びらにのり、とても美しいです。

たいへん丈夫なバラで、四季咲き性がとてもよく、秋まで咲きつづけます。

庭の主役とするには主張が弱いのですが、ほかのバラと組み合わせて咲かせるには、こんなによいバラはありません。

私の庭では、背の高さのフェンスに誘引して、濃い色のバラの背景となるように咲かせています。

マダム・ルイ・レヴェーク

モス
一季咲き／半つる性

モスという、苔のような感じの蕾が特徴的なオールドローズの系統に属するバラです。

育てはじめたころは、毎年のようにひどいうどんこ病に悩まされましたが、3年目くらいからかからなくなりました。「米ぬかオーガニック」を続けると、うどんこ病にかかりやすいバラも、このように不思議と丈夫に育ってくれます。

季咲きですが、シルクのように薄く繊細な花びらがぎっしりとつまった花が忘れ難い印象を残します。

夏に新しい枝を長く伸ばすので、冬の間に枝をできるだけ横に倒すようにして誘引しておくと、春にはたくさんの花が咲きます。

ジプシー・ボーイ

ブルボン

一季咲き／半つる性

紫を帯びた深い赤のバラです。ブルボンというオールドローズの系統に属するバラです。

一季咲きですが、花つきがよくて、次々と蕾が開き、しばらくの間楽しむことができました。

まだ植えたばかりで鉢で育てていますが、コンパクトな半つる性のバラに育つそうです。地植えにすれば、フェンスなどにも沿わせることができそうです。

病気に強く丈夫で美しいバラだと思います。

アーチに向くバラは？

私の庭では、メインガーデンとリビングデッキ側の庭の境目に、小さなアーチを設置してあります。

最初、このアーチには、ロココ（↓88ページ）というつる性のバラと、茶色のシックな花が咲くバタースコッチというつる性のバラを、両側から2本植えこみました。

最初の年はつるがほどよく伸び、よくバラの栽培本に書いてあるとおり、S字形に誘引できました。

翌年の春に、きれいに咲いて気をよくしていたところ、花後に旺盛なシュートがばんばん伸びて、小さなアーチにはぜんぜん収まらなくなりました。

特に、ロココは、幹が太って堅くなり、大きくアーチからはみ出して伸びてしまいます。

育ててみてはじめて、このバラはアーチではなく壁面向きであることに気づきました。

このように、つる性のバラの多くは、家庭用の小さなアーチには向きません。

アーチにはつる性のバラよりも、たとえばイングリッシュローズの中でも大きくなるタイプのような半つる性のバラのほうが適しています。四季咲き性のよい品種を選んでおけば、なお楽しめます。

試行錯誤の結果、うちのアーチは今、ブラッシュ・ノワゼット（↓86ページ）とアリスター・ステラ・グレー（↓87ページ）のコンビネーションでなんとか落ち着きました。

グロワール・ドゥ・ディジョン

クライミング・ティー

返り咲き／つる性

ティーという、紅茶のような香りがするオールドローズの系統に属するつる性のバラです。つる性のバラといっても、大きくなりすぎることはありません。

春から秋遅くまでずっと、ぽってりとした品のある美しい花を咲かせつづけます。

何度も挑戦しては枯らせたバラですが、最後に新苗を朝日が当たる東南の花壇に植えたところ、うまく根が張り丈夫に育ちました。いったん根づいてしまえば、無農薬でもまったく問題なく管理できます。

ブラッシュ・ノワゼット

初心者

ノワゼット

四季咲き／半つる性

小さく上品な花が房咲きになります。日当たりなどの条件がよければ、春から秋まで咲きつづけます。その分、生長はとてもゆっくりで、大きくなるまでに時間を要します。

私の庭では、小さなアーチにからめて咲かせていますが、木立性のバラのように小さめに刈りこんで咲かせることもできます。

とげも少なくて扱いやすい、とてもよいバラだと思います。

クレパスキュール

ノワゼット
返り咲き／半つる性

初心者

とてもお洒落な雰囲気のあるバラです。銅色の新葉が美しく、アプリコットイエローの花にとてもよく合います。

たおやかにのびのびと細めの枝を伸ばし、秋にも美しい花を咲かせます。

私の庭では、ほとんど病気にかかりません。

長く伸びた枝を背の高さのフェンスに横に倒して結わえ、咲かせています。とげが少なく扱いやすいバラです。

アリスター・ステラ・グレー

ノワゼット
四季咲き／半つる性

初心者

柔らかな枝を長く伸ばし、密やかでやさしい感じの花を咲かせます。

私の庭では、小さなアーチに沿わせて咲かせています。

自己主張があまり強くなく風景の一部としてなじむので、庭のベースとなる背景をつくるのに、使いやすいバラです。

冬に枝を横に倒して誘引しておくと、たくさん花を咲かせます。

家の壁面に誘引する・樹木にからめる

たとえ植える地面が狭くても、家の壁に誘引できれば、縦の空間を活かしてバラをダイナミックに楽しむことができます。大きく旺盛に伸びるつる性のバラは、バラ庭を最高に演出してくれます。

大きく育つバラは、誘引や整枝の手間が大変ですが、落葉樹に沿わせて育て、からめてしまえばほとんど手間いらず。樹木から枝垂れた枝はアーチ状になり、花つきもよくなります。

こういったつる性のバラは、無農薬で育てても、成木になればさほど病気にかからずに育ってくれるのも嬉しいところです。

私の庭で丈夫に育っているつる性のバラを紹介します。

※バラ名の下に書かれているのは、バラの系統、咲き方、樹形です。

ロココ

シュラブ
返り咲き／つる性

初心者

太い枝が豪快に上に伸びて、家の壁一面を覆うことができます。小さなアーチやトレリスには収まりきらないので、家の壁など、大きな面積を確保できる場所に植えるようにします。

ひらひらとウエーブがかかったようなアプリコットホワイトの花はとても美しく、つぼみをいくつもつけるので長い間楽しめます。返り咲き性もあります。

幹が太く生長したころに、テッポウムシ（カミキリムシの幼虫）の被害にあいやすいので要注意です（→67ページ）。

マダム・アルフレッドゥ・キャリエール

初心者

ノワゼット

四季咲き／つる性

ふんわりとやさしい花がとても美しい、心ひかれるバラです。

細めの枝がどんどん伸びて、ほうっておくと家一軒覆ってしまえそうなくらいです。

きちんと誘引してもよいのですが、私は上部の３分の１程度をドーム状に上から枝垂れさせるようにして、壁に沿わせて咲かせています。

植えてから３年くらいはうどんこ病にかかりやすいのですが、しっかり根を張って育つと、ほとんど病気になりません。夏も青々とした葉をたたえ、絶えず花が咲いています。

香りもよく大好きなバラです。

トレジャー・トローヴ

ランブラー

一季咲き／つる性

たいへん丈夫なつる性のバラです。

アプリコットの小さな花が、大きな房になって咲いて見事です。銅色の新葉もこのバラの魅力です。

堅い枝がまっすぐ上に向かって伸び、トウカエデの枝にからんだところでアーチ状に枝垂れ、花がたわわに咲きます。

冬にどうしてもじゃまな枝を切る程度のメンテナンスですませています。

ここで紹介したもの以外にも、オーガニックで育てやすい丈夫なバラはたくさんあります。

近ごろでは、バラの耐病性や丈夫さに注目したバラの本も刊行されるようになってきました。バラを選ぶときに強い味方になる本を紹介します。

これらの本の中で、「強い」とか「とても強い」と書かれているバラは、私が無農薬で育ててみて、苦労なく長年きれいに花が咲いているバラたちとほぼ一致しています。

参考書籍
『別冊NHK趣味の園芸　美しく病気に強いバラ　選りすぐりの200品種と育て方のコツ』河合伸志監修
『別冊NHK趣味の園芸　バラ大百科　選ぶ、育てる、咲かせる』上田善弘・河合伸志監修
『別冊NHK趣味の園芸　イングリッシュローズのすべて』有島薫・鈴木満男監修

2階のベランダまでのぼったトレジャー・トローヴ（一季咲き）

系統で選ぶオーガニック・ローズ

バラは、作出されてきた長い歴史の中で、いくつかの系統（グループ）に分かれています。

この系統は、はじめての方にはちょっと難しいとは思うのですが、知っておくと便利なこともあります。

たくさんの種類のバラを無農薬で育ててみて、どうもこの系統はオーガニック・ローズ向きだなあと感じるものがあるのも事実。このオーガニック・ローズ向きだと感じている系統についてお話ししておきましょう。

ハイブリッド・ムスクは、オーガニック向き

ハイブリッド・ムスクというのは、ロサ・モスカータという古いバラの系統からつくられたバラのグループです。

古いバラとかけ合わされているためか、この系統にはオーガニック栽培に向く丈夫なバラが多いようで、本書で紹介しているもの以外にも、いろんな品種を無農薬で育てています。

ハイブリッド・ムスクの多くは、しなやかに枝を伸ばし、さほど華やかではないけれど、香りがよく、房咲きになる上品で美しい花を咲かせます。

ラヴェンダー・ラッシー（返り咲き）

オーガニックでも安心なノワゼット

ノワゼットは、ロサ・モスカータという古いバラの交雑種にティーという系統を交配して作出されたそうです。

古いバラと交配されたためか、丈夫でオーガニック栽培に向くバラが多い系統ではないかと感じています。

たおやかに枝を長く伸ばし、とげが少なめで香りもよく、四季咲き性や返り咲き性もあるバラが多いのでおすすめです。

コーネリア（四季咲き）

クレパスキュール（返り咲き）

ルイズ・ダルザン（四季咲き）

系統で選ぶオーガニック・ローズ

強健で旺盛なつるバラ

つるバラには、横に這うように伸びる性質をもつものと、上方向に勢いよく伸びるものがあります。

横に這うように伸びるものは、特にランブラーともいわれ、ほとんどが一季咲きで、花が咲くのもほかのバラより遅い5月の下旬から6月にかけてです。多くは、たいへん旺盛で半日陰でも育つ丈夫なバラです。

上方向に伸びるものは、クライミング・ローズともいわれますが、こちらもたいへん丈夫でオーガニック栽培に向いています。

つるバラを庭のベースとして選んでおくと、春のバラ庭の華やかさはまず間違いなく確保できることでしょう。

ユキコ（一季咲き）

香り豊かなオールドローズ

化学農薬が発明されるずっと以前からバラは栽培されてきました。その歴史は、何千年もさかのぼることができます。

そんな昔から栽培されつづけてきたオールドローズと呼ばれるバラがあります。

ブルボンのように返り咲きも期待できるオールドローズの系統もありますが、多くは春だけに咲く一季咲きで、香水のようによく香ります。

一季咲きのバラは、肥料はそれほど多くは必要とせず、堆肥などでよくマルチして、じっくりと育てます。

ゆっくりと根を張らせ、本領を発揮するのは3年くらいたってから。

たいていの品種は、無農薬でも丈夫に育ち、農薬のストレスがないためか、香りも強いようです。

一季咲きは嫌だという方も多いかと思いますが、バラ以外の花木に四季咲きするものはなく、年に一度だからこその美しさもあるというもの。

こういった潔いバラの楽しみ方があってもよいのではないでしょうか。

ルイーズ・オディエ（返り咲き）

ヴィヴィッド（返り咲き）

作出者（社）で選ぶオーガニック・ローズ

近年、バラの耐病性や強健さは、バラを作出するうえで大切な条件になってきました。特に、ヨーロッパのバラは、とても丈夫なものが多くなってきたと感じています。

また日本の育種家の中にも、美しくかつ無農薬でも育てられる丈夫なバラを作出する方も出てきました。

オーガニック・ローズ・ガーデナーにとってはとてもありがたい、そんな作出者（社）たちを紹介したいと思います。

無農薬でもよく育つ オースチンのイングリッシュローズ

イングリッシュローズは、イギリスのデビッド・オースチン社が作出した、香りのよいオールドローズのような繊細な花容をもつ品種群です。

特に近年作出された品種は、耐病性に配慮されており、無農薬でも安心して育てることができると感じています。

イングリッシュローズの多くは、剪定で大きさをコントロールしやすいので、鉢植えでも気軽に楽しむことができます。

枝がたおやかにアーチを描く感じに伸び、花首が少し下に垂れうつむいて咲くものが多いです。

ムンステッド・ウッド（四季咲き）

強健で香りのよいデルバール社のバラ

フランスのデルバール社の作出したバラには、香りの高さと耐病性に配慮して作出されたものが多くあり、私の庭でも無農薬で旺盛に育っています。

枝ぶりは全体にがっちりした感じの品種が多く、花もしっかりと上を向いて咲きます。育種している南仏は夏が暑いからでしょうか、耐暑性もよいようです。夏に葉を落としても、すぐに回復してくる品種が多いです。特に、「ボルデュール」シリーズとして作出されている品種は、耐病性が高く、丈夫で、ローメンテナンス。オーガニック・ローズ向きです。

右の写真は、私の庭のデルバール社のバラです。完全無農薬でも青々とした葉を保っています。

ソルベ・フランボワーズ（四季咲き）

質実剛健、コルデス社のバラたち

ドイツのコルデス社は、耐寒・耐病性の特に高い品種に贈られるドイツのADR賞受賞品種を多数輩出しています。

コルデス社のバラで、ADR賞を受賞した有名なバラでは、アイスバーグやアンジェラがありますが、いずれも、無農薬でも強健に育つとてもよいバラです。

オーガニック・ローズを選ぶときに、ADR賞受賞品種というのは、ひとつの指標となると思います。

作出者（社）で選ぶオーガニック・ローズ

写真は、コルデス社のフラウ・ホレ。私の庭で、とても元気に育っています。

フラウ・ホレ（四季咲き）

フランスのメイアン社のバラ

フランスのメイアン社は、昔から、たくさんの優秀なバラを作出しています。有名なハイブリッド・ティーのピース（四季咲き）や、バラが好きな人なら誰でも知っているつる性のバラ、ピエール・ドゥ・ロンサールもメイアン社のバラです。このピエール・ドゥ・ロンサールは、多くのオーガニック・ローズ仲間が、無農薬で育てているバラでもあります。

ピエール・ドゥ・ロンサール（一季咲き）

また、レッド・レオナルド・ダ・ビンチ（四季咲き）をはじめとするいくつかのバラが、特に耐寒性や耐病性が高いバラに贈られるドイツのADR賞を受賞しています。

耐病性がありローメンテナンスな修景バラにも、ラブリー・メイアン（四季咲き）など優秀なバラが多いとのことです。

岩下篤也さんのバラ

日本の育種家岩下さんは、自宅で育てたバラを使って、ご自身の類まれなる選美眼にかなったバラを育種されています。

自宅で育てたバラを使っての選別ですから、当然、過酷な日本の気候に合った、丈夫なバラだろうと思い、育ててみることにしました。案の定、新苗のうちから旺盛に育ち、病気にも強く、信頼できるバラでした。

ベラドンナ（四季咲き）

ドラマチックな花容とともに、深く豊かな匂いが岩下さんのバラの特徴です。

「アンダー・ザ・ローズ」シリーズとして、これから次々と発表されるであろうバラたちに会えるのがたいへん楽しみです。

第3章

オーガニック・ローズと一緒に楽しむ草花

オーガニックなバラ庭は、植栽を多様に

オーガニックなバラ庭は生き物たちの楽園です。
バラとともに、宿根草や球根花、ハーブ、樹木などいろいろな植物があると、
バラ以外の季節も庭を楽しめ、生き物たちの種類も豊富になります。
そんな私の庭のさまざまな植物たちを、季節を追って紹介します。
どれも丈夫で、入手も容易で、ポイントを守れば育てやすいものばかりです。

紫燕飛舞（ズーイェンフェウー）とさまざまな宿根草が
一枚の絵のように咲いている

無農薬のバラ庭は、生き物たちの楽園です。私のバラ庭は、多様な生き物がたくさん集まってくることで生態系のバランスが保たれ、ひとつの病気や虫が蔓延しないのだと考えています。

バラだけでなく、宿根草《しゅっこんそう》（1年で枯れることなく毎年大株に成長していき、何年も楽しめる草花）や球根花、ハーブ、ベリー、樹木などが植えてあると、バラが咲いていない時期でも庭の楽しみがあるだけでなく、そこにすむ生き物の種類も豊かになります。

また、「米ぬかオーガニック」で庭を管理していると、宿根草やハーブ、ベリー類もとてもよく育ちます。

宿根草は、環境が合えば、年々大株になり見事ですし、球根花は、植えっぱなしでも毎年芽吹いて咲くだけでなく、年々ふえて庭に広がっていきます。

ただ、園芸種の草花が何かのきっかけで野山に広がり、在来種に影響を与えないとも限りません。なるべく庭から外に出ていかないように気を配りたいものです。

ハーブやベリーは、無農薬だからこそ安心して楽しむことができ、採れたてのフレッシュなものを味わえるので毎日の生活がとても豊かに感じられます。

花が咲く樹木は、季節感を庭にもたらすとともに、バラが咲いていない季節を華やかに補ってくれます。

落葉樹は、夏はよく枝葉が茂って心地よい木陰をつくり、秋には紅葉して葉を落とし、冬は暖かな光が庭に入ります。何といっても、落ち葉を有機物マルチに使うことができます。枝に巣箱をかけると目にも楽しく、夏にバラにたかるイモムシを食べてくれるシジュウカラのつがいを呼ぶこともできます。

バラとともに植えた多様な植栽は、庭の楽しみを広げてくれます。

もちろん、オーガニック・ガーデンでは、第1章で紹介したバラ選びのコツと同じように、バラと一緒に育てる植物も病虫害が出にくい丈夫な植物を選んで植えるようにします。

そこで、この章では、私が育てているものの中から、できるだけ手がかからず丈夫に育てることができて、バラ庭を美しく彩り毎日の生活が楽しくなるものを、季節を追いながら、育て方とともに紹介していきたいと思います。

冬庭の華やぎ クリスマスローズ・ガーデンハイブリッド

立春のころから早春にかけて、うつむいたこの花が庭で咲きはじめると、バラの季節と同じくらいわくわくしてしまいます。冬枯れのまだ何もない庭で、こんな楽しみをくれる花は、ほかにはないかもしれません。

葉も大きく美しく常緑で、1年を通じてよいグランドカバー（花壇を緑で覆ってくれる植物）になります。

バラ庭によく合うおすすめの宿根草です。近年特に人気が高まり、品種改良も進んで、より華やかな花が手に入るようになりました。オーガニックでもとても丈夫に育ち、地植えにすると年々大株になり見事です。

いろいろな形質の花どうしを交配して作出されていることが多く、同じ花がふたつとないため、心ひかれる美しい花を園芸店で見つけると、熱にとりつかれたように次から次へと集めたくなってしまいます。

育て方

●植える時期

苗は、晩秋から2月末ごろまで園芸店に並びます。手に入れた苗は、一回り大きな鉢に根を軽くほぐして植え替え、1年くらい木陰で水やりをしながら育て、株をしっかり充実させてから庭に下ろしたほうが後々の花つきがよくなります。

●使用する土

鉢植えにするときには、私はバラ用の用土（↓27ページ）をそのまま使っています。ときにはバラの植え替え

バラの株元で咲いているクリスマスローズ

のときに出た古い土をクリスマスローズ用に使ったりもしますが、それでもよく育っています。

●植える場所

クリスマスローズは葉がよく茂り大株に育つので、庭に植えるときは、バラの株元からできれば50センチ以上離して植えるようにします。

クリスマスローズの生育期は、秋から翌春にかけてです。ですから、夏は木陰になっても、冬場はよく日が当たる落葉樹の下のような場所に植えます。

根を深く張るので、一度植えたら移植するのは結構たいへんです。植える場所は、よくよく考えてください。

●きれいに咲かせるコツ

12月ごろに古い葉を株元から3～5センチくらいのところで全部切ると、ちょうどそのころ出てくる蕾によく日が当たるようになり、きれいに花が咲きます。

また開花後に雄蕊《おしべ》が落ちると花の中心の子房（雌蕊《めしべ》の下の膨らんだ部分）が膨らみ、中に種ができるので、早めに子房を摘んで株の消耗を防ぎます（下の写真）。

子房を摘んでしばらくすると、花は全体的に緑色になりますが、地植えならそのまま残しておいて、かわいらしいカップ咲きの姿をバラの季節にも楽しむこともできます。

●施肥

肥料は、生育期の晩秋から翌春にかけて与えますが、休眠期の梅雨から夏にかけては与えないようにします。

地植えのバラの施肥のタイミングとだいだい同じなので、私はクリスマスローズだけに特別に肥料を与えてはいません。どの株も、近くのバラの発酵肥料（→47ページ）のおこぼれをもらってか、大きく元気に育ち、毎年たわわに花を咲かせています。どうやら、クリスマスローズも「米ぬかオーガニック」向きのようです。

花の中心部に左の写真のような子房（種の袋）ができるので、右の写真のように摘んでおくと、株が充実して翌年の花つきがよくなる

わが家のクリスマスローズたち

早春に咲く小球根花

植えっぱなしでも咲く小球根花は、毎年忘れず春を告げてくれます。背丈が低いので、バラとも共存しています。ここでは簡単に育てられるものを紹介します。

スノードロップ

早春には欠かせない可憐な花です。クリスマスローズと咲く時期が同じなので、株元近くに一緒に植えておくと素敵です。

シラー・チューベルゲニアナ

これは白花の品種ですが、透明感のある青い花が咲くシラー・シビリカもあります。

妖精の帽子のように繊細な感じの花ですが、とても丈夫で一度植えると毎年春一番に愛らしい花を咲かせます。花壇の前面に、数球ずつ散らすように植えています。

早春、この花を見つけると、春を実感します。

チオノドクサ

青と薄いピンクの品種があります。

小さな花ですが、なかなか丈夫で、一度植えると自然にふえ、毎年早春にかわいらしい花を咲かせます。

クリスマスローズと咲く時期が重なるので、株元近くに数球ずつ一緒に植えています。

早春、庭に色彩が戻ってきた
芽吹きはじめたバラの株元で咲く小球根花

スイセン／タリア、ピピット

スイセンは、大きな花が咲くものより、小さめの花が咲く品種のほうが花が咲いてもたおれにくく、植えっぱなしでも毎年咲くのでおすすめです。

植えてみて感じがよかったのは、白い双子の花が咲くタリアや、黄色で小柄なテータテート、黄色だけれど咲きすすむにつれてカップが白く変わるピピットなど。

タリア

ピピット

早春のバラ庭の風景に自然な感じで色を添え、よくなじみます。バラの花壇の中に自然な感じで散らすようにして植えています。

ハナニラ

春先に青白い星のような花が庭一面に開いて圧巻です。植えるといつのまにかふえて、どんどん庭中に広がっていきます。

細い葉をちぎると、ニラのような香りがします。

花が終わると葉も自然と消えて、バラの季節にはじゃまにならない状態になってくれます。冬場は青い葉が茂り、よいグランドカバーになります。バラの足元を覆うように花壇一面に咲かせています。

ムスカリ

早春にはめずらしい青い花色が、クリスマスローズやハナニラ、スイセンなど早春の花々によく合います。

植えっぱなしにすると、細長い葉が、冬の間からうじゃうじゃ伸びてきます。バラの花壇の前面に、ハナニラと合わせて植えています。

原種チューリップ／レディ・ジェーン

普通のチューリップと違い、原種チューリップは植えっぱなしでも毎年ずっと咲いてくれます。

いろんな品種がありますが、このレディ・ジェーンは、ほっそりしたピンクの花が品よく、素敵な品種です。シルバー・ブルーを感じさせる美しい葉も魅力です。

花壇のポイントになるように、固めて植えています。

小球根類の育て方

●**植える時期・場所**

秋に球根が出まわります。10月ごろに、球根ふたつ分くらいの深さの穴を掘り、植えこみます。

球根をランダムに庭にばらまいて、偶然落ちた場所に植えると、春には自然な感じで咲いて、野原のような感じになります。また、クリスマスローズの株元に添えるなど、咲いたときの風景を想像しながら植えるのも楽しいものです。

●**水やり**

水やりは、雨水だけでも十分です。冬の間に葉が伸び

3月下旬～4月上旬、バラの葉が展開し小球根花が咲いて、1年で一番心弾む季節

て、冬枯れの庭に緑を添えてくれます。

●手入れの方法

早春に花が咲き、花がしぼむと葉だけが残ります。しばらくはそのままにしておいて、バラが最盛期になる前に、バラの株元の風通しをよくするため、葉を根元から倒すようにしてしまうか刈りとり、花壇の有機物マルチ（↓35ページ）に使います。私の庭では、有機物マルチに使った葉は、自然に消えて土に還っていきます。

このとき、球根は掘り起こさずそのままにしておくと、翌年もちゃんと芽吹いて花が咲きます。

●球根をふやす

何年かして、球根がふえたら、秋口に球根を掘り起こし、ほかの場所に植えることができます。

日当たりや水はけなど、庭の条件が球根の生育に合っていない場合、自然と球根の数が減ってしまうこともあります。そんな場合は、何年かごとに、新しい球根を植えてもよいと思います。

私の庭の場合は、ハナニラはほうっておいてもどんどんふえるのですが、ムスカリは自然と消えてしまうので、2～3年ごとに新しく植え直しています。

早春の香りのベール
クレマチス・アーマンディー・アップルブロッサム

常緑で早春咲きのクレマチスです。丈夫で、太いつるがどんどん伸びて、細長く厚みのある濃いグリーンの美しい葉がよく茂ります。

花は、花嫁のベールのように優雅に枝垂れて咲き、甘く強く香ります。

私は、つるバラをからめてある家の樋やトウカエデの枝に自由にのぼらせ、高いところから枝垂れるままに咲かせています。トウカエデにからめたほうは、まるで桜の花が満開になったかのよう。早春の庭を華やかに彩ってくれます。植えてから10年くらいになります。

2階のベランダまでのぼり、枝垂れて咲いている

●育て方

大変旺盛に生育しますので、放任するとスペースに収まりきらなくなります。

私は、自由に伸ばしていますが、ある程度の大きさに収めたい場合は、花が終わったらすぐに半分くらいになるように、短く剪定します。切っても、またすぐに数メートルものつるを伸ばすので、かなり短く切ってしまっても大丈夫です。

ただ、秋に短く切ってしまうと、せっかくの花芽を落としてしまい翌春の花を楽しむことができません。

私は地植えにしていますが、肥料は特に与えていません。近くのバラの発酵肥料（→47ページ）のおこぼれで十分大きく育ち、たわわに花を咲かせています。

苗が手に入れば、盛夏や真冬以外ならいつでも植えつけてよいと思いますが、春先か秋がいいでしょう。春は、花つきの鉢苗が出まわります。

春からずっと庭の名わき役 リーフ・プランツ

庭のベースとなるリーフ・プランツを植えておくと、バラが咲いていない時期でも庭の美しさを保てます。

ホスタ(ギボウシ)

早春に、小鬼の角のような芽が勢いよく吹いてきます。

すぐに大きくて存在感のあるスプーン形の葉が広がり、バラの足元を彩ります。

バラの花が終わったころからよい香りの花を咲かせます。

ギボウシ寒河江。たいへん大きく育つ品種。私の庭のランドマーク

ギボウシ、ホワイトクリスマス。小さく育つ品種で、鉢植えによい

夏中美しい緑をたたえ、晩秋に黄葉し枯れていきますが、その枯れた葉の風情もなかなかよいものです。

ツボサンゴ

個性的な葉は、常緑で、一年中ふさふさして頼りになるリーフ・プランツです。

黄、赤、濃紫など、さまざまな葉色の品種があり、楽しめます。

半日陰で元気に生育します。

ティアレラ

もみじのような葉が美しく、常緑でもあるため、グランドカバーにぴったりです。

半日陰向きの宿根草で、春先に、線香花火のようなとても繊細でかわいらしい花を咲かせます。

リーフ・プランツの育て方

これらのリーフ・プランツは、基本的にたいへん丈夫です。一度植えたら自然と大きく育ち、ほとんど手間がかかりません。

シェード（日陰）でもよく育つので、直射日光が当たらない木陰のような場所にも植えられます。

大株になりすぎたら、秋に掘り起こして株を分け、ふやすことができます。

シェードガーデンに明るさを添えるツボサンゴ（右下）

初夏、バラ庭をロマンチックに彩る宿根草

バラにはない色であるブルー系の花々や、高低差のある宿根草は、単調になりがちなバラだけの庭に奥深い美しさを与えてくれます。

クレマチス

クレマチスも、クリスマスローズ同様、バラの庭にとてもよく合う宿根草です。

クレマチスは、育て方で大きくふたつに分けられます。ひとつは、弱剪定（冬に枝の3分の1を切り戻す程度の剪定）で育てるタイプ、もうひとつは、冬に強剪定（地際から数芽残して剪定）し、花後は半分くらいに枝を切り戻しておくと繰り返し花が咲くタイプです。

バラと合わせるときは、強剪定系のクレマチスを選んでおくと、花後に枝を半分くらいに刈りこむことができて、管理しやすいでしょう。
また、バラと同じで四季咲きと一季咲きがあります。
バラには青い色がないので、私は、バラに添える宿根草は、できるだけ青と決めています。クレマチスにも、ほんとうの青い花はないのですが、青紫の美しい品種を植えてバラと合わせています。

クレマチス・HFヤング（弱剪定系）とコーネリア

●育て方

クレマチスは丈夫な植物ですが、植えたあと根をしっかり張るまでは生育が安定しません。うまく根づかず、枯れてしまうこともあります。

苗は、よく育った大きめの鉢のものを選んだほうが失敗が少ないでしょう。

地植えにするなら、一節ほど土の中に隠れるくらい深く植えます。土に埋めた節からも根が張り、立ち枯れしにくいようです。

根は太くしっかりして見えますが、直根性（根が枝分かれせず、株元からまっすぐ伸びるもの）で、移植するときに根を傷めるとうまく根づきません。

根がデリケートなので、発酵肥料（↓47ページ）を与えるときは、植えつけ後、半年から1年以上たって、し

クレマチス、ミゼットブルー。弱剪定系。小さなスリット鉢に植え、バラの鉢の上に置いている

クレマチス、シルバームーン。強剪定系

クレマチス、ギリアン・ブレイズ。弱剪定系

っかりと根が張ってから、株元から20〜30センチ以上離れたところに少しずつ与えるようにします。

強剪定系の四季咲きのクレマチスは、咲いたら早めにつるを半分くらいに切り戻すと、また花を咲かせます。

弱剪定系のものは、できるだけつるを長く伸ばして、冬の間に誘引しておくと、たくさん花を咲かせます。

ジギタリス

背が高くなるので、バラの花壇のよいアクセントになります。色は白からピンク、ラベンダーなど、さまざまな品種があり、半日陰でもよく育ち、丈夫です。

バラ庭には欠かせない宿根草です。

私は、毎年秋に小さな苗を入手し、まだ暖かい間に庭に直接植えてしまいます。冬の間に大株に育ち、春には、雄大な花穂《かすい》（長く立ち上がる花の穂）を伸ばして圧巻です。

花が終わったら、花穂を切ってしまいますが、そのま

ま残しておいて、種を採ることもできます。環境が合えば、こぼれ種でもどんどんふえていきます。

花後も花穂を切ってそのまま植えておくと、環境が合えば夏越しし、また次の年の春にも咲いてくれます。

デルフィニューム

高さがあるのでバラとよく合い、透明感のある花色が、バラ庭をとてもロマンチックな感じにしてくれます。白から紫、青までの色のバリエーションがあります。

宿根草ですが、暑さに弱いため、東京の私の庭では、一年草のように毎年苗を入手して植えています。

北海道など、夏涼しく過ごせる地方では、植えっぱなしで年々大きくなり、見事なようです。

●育て方

すっくと立ち上がった花穂の姿がたいへん美しく、バラ庭には欠かせない花ですが、イモムシにかじられやすいため対策が必要です。

まだ小さい苗のうちから、ニームオイルを規定の倍率で薄めて灌水しておくと、虫がつきにくくなります。

また、バラの花壇に直接植えると、ほかの植物との競争に負けてしまうことがあるので、鉢植えにしてよく日に当てて育て、花時にバラに合わせて花壇の中に置くというやり方もあります。

私は、8号くらいのスリット鉢（鉢底に縦にスリットが何本も入り、根まわりの通気性に配慮した鉢）に、苗を3株くらい一緒に植え、大きく育ったところで花壇の中に鉢を置くようにしています。

地面からの湿気を

スリット鉢に苗を３株くらい植えて育てている

得て、水やりが少なくてすみますし、一見、花壇に一緒に植えてあるような感じで、バラが引き立ちます。

草花の鉢植えに使う用土は、古い土に生ごみ処理機の処理物と米ぬかなどを混ぜ、十分発酵させて寝かしたものを使っています（→112ページ）。古い土でもこうすることで力が蘇り、植えた植物は病虫害にもあいにくく旺盛に育ちます。

セージ

多くは秋に咲きますが、中には初夏から咲きはじめる品種もあります。葉に心地よい香りがあり、ブルーから紫の花の品種が多く、バラ庭にもよく合います。

ラベンダーセージ。6月ごろから晩秋まで咲く。宿根草で、耐寒性はマイナス12度

●育て方

春から育てはじめると、秋にはかなりの大きさになります。時々芽先を摘んで分枝させ、形よく育てます。

メキシカンセージ。秋にビロードのような紫の花が咲く。宿根草で、耐寒性はマイナス5度。春から秋にかけて写真のように芽を摘んで、よく分枝させながら育てる

中には耐寒性があまり強くない品種もあるので、私は、秋に手に入れた苗を9号鉢くらいに植えて、軒下に置いて越冬させています。

バラの花壇に鉢ごと置いて秋まで育てると、地植えにした場合と比べて土の量が制限されているので、大きくなりすぎずコンパクトに楽しむことができます。

セダム類

常緑で、暑さ、寒さや乾燥に強く、たいへん丈夫で育てやすい植物です。色や形がいろいろあり、好きなものを選んで寄せ植えにしても楽しいですし、バラの花壇の

縁どりにしても似合います。

●育て方

葉自体に水分を蓄えられるので、水やりは雨水だけで十分です。よく日が当たるところでも、半日陰でも育ちます。ふやしたいときは、芽先を5～6センチくらい摘んで、土の上に置き、軽く土をかぶせて葉先を土の上に出しておくと、自然に根が生えて新しい株ができあがります。

初夏、セダムの黄色い花が咲いた

生ごみを使った土の再生

私は、草花を植える土を、ここ何年も買ったことがありません。使用ずみの用土をすべて生ごみを使って再生し、それを繰り返し使っています。

以前は、庭に生ごみを堆肥化させるバケツを設置していたのですが、数年前に腰を痛めて、生ごみ処理機を使うようになりました。

その処理物（生ごみ乾燥物）を、使用ずみの用土をストックしてあるバケツに入れて、米ぬかや種菌となる発酵肥料（↓47ページ）を少し入れて、よく混ぜておくだけで、自然に発酵して発熱し、2～3カ月くらいでふかふかになり、使えるようになります。

この生ごみで再生した土を使うと、草花は肥料なしでもとてもよく育ちます。アブラムシもほとんどつかなくなるから不思議です。

●つくり方

1 鉢の植え替えで出た土と米ぬか、発酵肥料などの種菌、生ごみ乾燥物を混ぜ❶、バケツに入れてふたをして熟成させます。

2 しばらくすると白い菌糸が張ってきます。よく混ぜてさらに熟成。ふかふかの土に再生できます❷。

❶

❷

無農薬だから安心 バラと一緒に楽しむハーブやベリー

無農薬だから、バラのすぐそばでハーブもベリーも安心して育てられます。コンパニオン・プランツ（近くに植えることで互いの成長によい影響を与える植物）としての効果も期待できます。

レモンバーム

爽やかなレモンの香りのハーブです。生の葉を摘んでフレッシュハーブティーにするのが一番。贅沢にハーブバスにしても気持ちがよいものです。

バラの足元で育つレモンバーム

受粉の手助けをするミツバチを呼び寄せるそうです。

私は、バラの株元にグランドカバーとして添えています。苗からでも、種からでも容易に育てることができます。半日陰でもよく育ちます。大きくなったら、半分くらいに切り戻して、利用します。

蚊にさされたとき、生の葉をもんで汁をつけておくと、自然と腫れが引いてかゆみもおさまります。

うちでは、小ビンに生のレモンバームをきざんでぎゅうぎゅうにつめて、焼酎をひたひたになるくらいに入れ、色が真っ黒になるまで数カ月置いて、レモンバームチンキをつくります。小さなスプレー容器に移し替えて、蚊にさされたときにスプレーすると、腫れとかゆみがおさまります。

イタリアンパセリ

庭に1鉢あると、お料理の彩りにとても重宝です。フレッシュな摘みたてのものは、香りもよく、普段のお料理がレストラン顔負けの一皿に。私は、リビングから庭につながるデッキで、鉢に植えて育て、いつでも摘んで使えるようにしています。

鉢に種をまいて育ててもよいですし、苗を買って植えつけてもよいです。

直根性なので、移植を嫌います。2年目になって花が咲くようになると、葉も堅くなりおいしくないので、また新たな株を育てます。

パセリはアゲハの幼虫の好物です。丸裸にされることもありますが、庭から飛び立つアゲハの姿を思うとついつい許してしまいます。

また、コンパニオン・プランツとして、バラの香りをよくし、丈夫にするともいわれています。

バジル

イタリア料理やタイ料理に使うハーブです。暑い夏が大好きで、5月の連休のころに種をまくか、苗を購入して植えつけます。種からでも容易に育てられるので、たくさん利用したい場合は、種からがおすすめです。

生の葉を料理に入れたり、バジルペーストを手づくりして冷凍保存しておいたりといろいろ使えます。

シソやミニトマトと寄せ植えにしたバジル。バラの鉢とともに栽培棚に置いている。バジルはトマトのコンパニオン・プランツでもある

アブラムシを減らし、ハエや蚊を防ぐ効果があるそうです。

秋になると勢いがなくなります。冬越しは難しいので、毎年、種をまくか新しい苗を植えつけるようにします。

私は、庭につながるデッキの上でほかのハーブと一緒に鉢植えにして育て、いつでも摘んで利用できるようにしています。

タイム

アオムシやハエを防ぎ、ハチをひきつけるといわれています。

蒸れに弱いので、梅雨前には刈りこんで風通しをよく

して夏越しさせます。冬にも美しい葉を保つので、苗を植えたら時折刈りこみながらずっと楽しめます。斑入りの品種は、ほかの植物との寄せ植えに入れても、美しく使うことができます。

私は、耐寒性があって外で越冬できるガーデンシクラメンと寄せ植えにして楽しんでいます。

ミント

いろんな種類がありますが、私は2種類のミントを育てています。

アップルミントは、葉が丸く柔らかくて、甘くよい香りがします。ハーブティーやハーブバスに利用しています。

パイナップルミントは、香りが甘くフルーティーで、葉に白い斑が入っています。

かわいいので、ケーキやお菓子の飾りに使ったり、ほかの草花と一緒に花瓶に生けたりといろいろ楽しめます。

甘い香りのアップルミント。バラの株元を覆って

白い斑がかわいいパイナップルミント。ヒメリンゴと鉢植えに

寄せ植えに使ってもカラーリーフとして楽しめます。

ミント類は、半日陰でもよく育ちます。寒さや暑さにも強く、育てやすいハーブです。

香りを嫌って、イモムシやアブラムシが減るそうです。

シソ

毎年こぼれ種で、キッチンガーデンに生えてきます。いうまでもなく、とても有用な日本のハーブです。

摘みたては香りもよく柔らかいだけでなく、夏の終わりには花が咲いて、実まで楽しむことができます。摘みたての花を刺身のツマにしたり、若い実を塩漬けにして浅漬けに混ぜこむと香りのよいアクセントになります。

ラズベリー

キイチゴとも呼ばれます。バラ科で、バラと同じように、春にだけ花が咲いて収穫できるものと、秋にも花が咲いて収穫できる品種があります。

短く柔らかいとげがびっしり生えたつるを長く伸ばすので、フェンスなどに誘引したり、オベリスクに沿わしたりします。

収穫した実は、そのまま食べても香りがよくておいしいのですが、チャックつきのビニール袋などに少しずつためて冷凍します。そうするといつでもジャムやソースをつくれて便利です。

半日陰でも育つので、育てる場所を選びません。

つるが長く伸びますから、フェンスなど誘引できるスペースが必要です。私は、背の高さのオベリスクにぐるぐる巻いて育てています。

冬場、野鳥が残った実をついばみにきます。

ヒメリンゴ

春にとても愛らしい白い花が咲きます。うちでは10号くらいの大きな鉢にミントやカラーリーフと一緒に寄せ植えにして、楽しんでいます。

秋には毎年小さな実がいくつかなります。そのまま食べてもおいしいですし、赤い色と形を楽しんで飾っておいても素敵です。

写真提供／中村良美

ワイルドストロベリー

バラの花壇の縁どりに使っています。白い花が咲いたあと、とてもかわいらしい小さな赤いイチゴの実がなるので、実を摘んでそのまま食べたり、ジャムにしたりします。

バラ科だからか、発酵肥料（↓47ページ）がよく合うようで、バラのおこぼれをもらって元気に育ち、よく実をつけてくれます。庭仕事の合間に、ちょっとかがんで実を摘み口に入れると、ふっと幸せな気持ちになります。

庭の季節感を演出する樹木たち

特に落葉樹は、夏は涼しい木陰をつくり、冬は落ち葉となって有機物マルチの材料を提供してくれます。

ミモザアカシア

早春に黄色いふわふわの花が咲き、毎年春が来たことを教えてくれます。うちにあるのは、新葉が紫色になる品種です。

ほうっておくとたいへん大きく生長してしまうので、毎年、花後に枝を切りつめるようにします。切りつめても、また次の年までに、たっぷりと枝葉が広がり、大きく生長する生命力に驚かされます。

4月の開花時の様子

5月、主要な枝を大きく切りつめた

黄金葉のヤマブキ

庭の西側、大きく育った落葉樹の下で、毎年早春に明るい黄色の花を咲かせ、春が来たことを知らせてくれます。

夏は木陰になる場所ですが、葉に黄色い斑が入るので、明るく軽い感じが気に入っています。

細い枝が株立ちになり大きな茂みをつくりますが、じゃまな枝や枯れ枝を必要に応じてカットするくらいで樹形を保つことができます。

カシワバアジサイ

バラの季節が一段落した5月の終わりから6月にかけて、白く大きな花房をつけて、庭の主役に躍り出ます。

白い花は花もちがよく、しだいに緑からベージュに色を変えながら、梅雨の間中、楽しむことができます。秋には、紅葉も楽しめます。

花後に来年の花芽をつけるので、夏以降の強い剪定は避けるようにします。丈夫で育てやすく、半日陰にも強く、とても有用な庭樹だと思います。

ヤマアジサイ

アジサイは、庭に植えると大きくなりすぎるものがありますが、ヤマアジサイは、大きくなりすぎずこぢんまりとまとまるので扱いやすく、庭の中で重宝します。バラの季節のあとで、バラの足元を彩ってくれます。

アメリカノリノキ／アナベル

アメリカ原産の耐寒性の強いアジサイです。

大きな手鞠のような真っ白な花房がとても美しく、6月のバラの庭によく合います。

花はしだいに緑に変色しますが、カットしてドライフラワーにすることができます。リースに使ってもかわいらしく仕上がります。

冬に株元まで深く切り戻しても、新しく芽生えた枝の先に花をつけるので、剪定の仕方に迷いません。

ハリエンジュ（ニセアカシア）／フリーシア

黄金色の葉がとても美しい樹木です。枝に鋭いとげがあります。

かなり大きく生長するので、冬の間に枝を間引いたり、短く切り戻したりして樹高をコントロールしています。

フリーシアの花

葉が芽吹いてくると、庭は気持ちのよい明るい木陰に覆われます。初夏、お天気のよい日に、庭のこの樹の下でお茶をしても、暑さを感じません。

冬に剪定を控えると、初夏に香りのよい白い花を咲かせます。秋の落ち葉は、有機物マルチ（→35ページ）に使うことができ、有用です。

ニセアカシアは繁殖力が強く、あちらこちらにひこばえが出てくるので、見つけしだい抜き取ります。外来種なので、庭の外に広がらないよう気をつけたいものです。

シラカバ／ジャクモンティー

シラカバは、本来たいへん大きくなり、暑さに弱いものですが、これは大きさもほどほどで、暑さにも強い樹種です。

初夏から心地よい木陰を、庭に置いたテーブルのまわりにつくってくれるので、ティー・パーティーもパラソルなしでできます。

秋には黄葉して、落ち葉は有機物マルチに使えます。

シジュウカラの巣箱をかけたところ、毎年ここで営巣してくれました。

庭にこういった落葉樹があると、高さを演出してくれるだけでなく、いろんな楽しみが広がります。

シラカバは虫が入りやすいので注意が必要です。

わが家のジャクモンティーも、テッポウムシの害で十数年来の木が2010年に枯れてしまいました。

トウカエデ／花散里

芽吹きが真っ白で、特に春先が美しい樹です。

秋には、紅葉も楽しめて、落ち葉は、有機物マルチに使えます。

私は、まっすぐ上に伸びるつるバラのトレジャー・トローヴ（→89ページ）をこの樹に自由にからめています。梢から枝を自然にアーチ形に枝垂れさせているので、誘引は不要。ドームのようになり、花時は、無数に咲いて見事です。

春先に、白い花のような新芽がいっせいに芽吹いた

カセット式宿根草花壇

よくガーデン誌などで見る外国の庭のような、バラと宿根草の花壇は憧れですが、実際自分の庭で挑戦しても、なかなかうまくいかなくて困っているという方もいらっしゃることでしょう。

私の庭でも、前の年の秋に植えた宿根草の苗が、春になってバラの葉が茂ってきたら、日が当たらなくなって枯れてしまったということがありました。

そこで、バラに合わせたい宿根草や草花をいったん小さな鉢に植えておき、よく日の当たるところでしっかりと育ててから、バラの最盛期に花壇の中に鉢ごと置くという方法をとるようになりました。

この方法だと、花壇でバラとのコンビネーションを楽しんだあと、蒸れたり日当たりが悪くなって生育が悪くなる前に、鉢ごと再度よい場所に移して育てることができます。

また、バラの大鉢に、草花を植えた鉢の底を少し埋めて入れておけば、バラの根を傷めることなく、寄せ植え感覚でバラと草花を楽しむことができます。

鉢は、スリット鉢という、鉢の下に縦にスリットが入ったものを使うと、下のスリットから地面の湿り気が入ってくるので水やりを頻繁にしなくてもすみます。色が緑なので花壇に置いても目立ちません。

土は、112ページの生ごみで再生した土を使うと生育がとてもよくなります。

バラと宿根草の花壇

●やり方

1 いろいろな宿根草の苗を用意します。

2 生ごみで再生した土を使ってスリット鉢に植えます。

3 バラの花壇に配置します。花期が終わったら、日当たりのよいところに移動して管理します。

❶

❷

3

はじめてのオーガニック・ローズ12カ月

※作業の時期や生き物の様子は、私の庭がある、東京郊外を基準にしています。
※より詳しい月ごとの作業については、『無農薬でバラ庭を』を参考にしてください。
※他地域の作業時期については、『バラはだんぜん無農薬』の各カレンダーを参考にしてください。

	植えつけ 鉢植え→p.27 地植え→p.34 鉢替え→p.30	鉢バラの水やり →p.39	施肥 →p.41	誘引・剪定・カットなど →p.52	病虫害対策 →p.57、62	土づくり (米ぬかまきと有機物マルチ) →p.35	米ぬかオーガニック ステップアップ
2月	鉢苗の植えつけ (地植え・鉢植え) ＊盛夏をのぞいて随時可		下旬 芽出し肥 (地植え・鉢植え)	中旬過ぎ 冬剪定 (四季咲きバラ)			
3月		鉢土の表面が乾いたらたっぷり	毎月上旬 鉢植えに追肥 (四季咲きバラは10月まで。盛夏は休むか控えめに) (一季咲きバラは、6月まで)		うどんこ病予防 「米ぬか花咲か爺さんまき」 →p.58 菌液や天恵緑汁の仕込み＆葉面散布→p.59、60	３月下旬～４月上旬 米ぬかまき	土着菌(はんぺん)探し 発酵米ぬかづくり →p.42
4月					虫の害の防除 手で取る。週１回程度ニームオイルを散布してもよい →p.62		発酵肥料づくり →p.47 ＊お礼肥から使える
5月	新苗の植えつけ (鉢植え)			花がら摘み (随時) 咲き終わった花枝を半分くらいにカット			
6月		入梅後は、加湿を避けて控えめにする	上旬 お礼肥 (地植え・鉢植え)	シュートのピンチ (木立性のバラ。葉が５～７枚のびたところで随時)	黒点病対策 葉が黄変して落葉するまで、むしらず大事にする→p.61	上旬 米ぬかまき	
7月		梅雨明け後は、毎日、早朝か夕方にたっぷり			カミキリムシやコガネムシの産卵・幼虫の害に注意 →p.67		
8月		雨が降らなければ、毎日、早朝か夕方鉢が冷えてからたっぷり		摘蕾 蕾を取り、木を育てる			
9月			8月下旬～9月上旬 秋バラのために施肥 (地植え・鉢植えの四季咲きバラ)	上旬 秋剪定 (四季咲きバラ)	上旬 黒点病対策 葉を落としたバラは、枝先をカットし、追肥。新芽が出る	上旬 米ぬかまき	堆肥の段ボール発酵 →p.31 ＊冬の鉢バラの植え替え用
10月		鉢土の表面が乾いたら、たっぷり		花がら摘み 花首だけを摘み、葉はできるだけ残す			土着菌(はんぺん)探し 発酵米ぬかづくり →p.42 発酵肥料づくり →p.47 ＊芽出し肥から使える
11月	大苗の植えつけ ＊2月ごろまで、地植え・鉢植え可 鉢バラの植え替え ＊１月上旬ごろまで					11月下旬～12月上旬 米ぬかまきと有機物マルチ ＊有機物マルチは、四季の米ぬかまきとともに随時可	
12月		冬の間は、土の乾き具合を見て、週に一度くらいたっぷりと		誘引・剪定 (つる性・半つる性のバラ) ＊２月上旬までにやっておく			
1月							

資材の入手方法

費用はかかりますが、まず市販のもので「米ぬかオーガニック」をやってみようというときに、私が使ってみて便利だった善玉菌を使った資材や肥料、虫よけを紹介したいと思います。

●バイオゴールドバイタル
●バイオゴールドの肥料
●バイオゴールドのニーム

バイオゴールドバイタルは、微生物主体の植物活性液です。苗の植えつけ時に既定の倍率で灌水すると根張りがよくなります。

バイオゴールドの肥料は、優秀な完熟の有機肥料です。

ニームはインドセンダンという木の実から抽出されたオイルです。

（株）タクト　群馬県太田市内ヶ島町913―4
TEL：0276-40-1112
http://www.biogold.co.jp

●ヴァラリス　バイオポスト

苗の植えつけ時に根のまわりに入れたり、土の再生、発酵米ぬか、発酵肥料づくりや堆肥を発酵させるときに、元種として使えます。

ヴァラリス・バイオポスト日本総発売元（有）ヴァラリス商会
東京都港区西麻布3―17―40　パレス西麻布
TEL：03-3478-8261　FAX：03-3479-6139
E-mail：info@vallauris.co.jp
http://www.vallauris.co.jp/

●花まもり菌液
●新ムシヨラン

花まもり菌液は、苗の植えつけ時に既定の倍率で薄めて灌水すると、根張りがよくなります。発酵米ぬか、発酵肥料づくりや、堆肥を発酵させるときには、元種として使えます。

新ムシヨランは、ニームオイルを主成分とした保護液です。

（株）ビーティエヌ
東京都新宿区若葉1―21　マンションリキュー41号
TEL：03-5369-8863　FAX：03-5369-8865
http://www.btn.jp
取り扱い店（株）渋谷園芸相模原店マリポサ
神奈川県相模原市南区古淵3―13―31
TEL：042-755-3829
http://www.shibuya-engei.co.jp/mariposa.html

●秀じいの堆肥

わら・おがくず・米ぬかを好気性微生物群で発酵させた堆肥です。鉢土に配合したり、有機物マルチに使います。

（株）秀栄　千葉県成田市所1245―3
http://www.0120-533-831.com
堆肥の注文・問い合わせ：0120-533-831

おわりに

前著『無農薬でバラ庭を』や共編書『バラはだんぜん無農薬』を読んでくださった知人友人の中には、バラを育てた経験はないか浅いけれど、オーガニックでなら、是非バラを育ててみたいという方がたくさんいらっしゃいました。そんな方々に、栽培法の一から、できるだけわかりやすくお話ししようと思い、書いたのが本書です。私だって、最初は、バラのこともオーガニックのことも、何も知りませんでした。オーガニック栽培については、前著でもお話ししたとおり、インターネットでたくさんの仲間たちと交流しながら、自分なりの栽培法を見いだしてきました。

バラの栽培法そのものについては、栽培本だけでなく、有島薫さんのバラ教室に月一度、何年も通いつづけて学びました。バラ栽培法の基本をきちんと知っておかないと、いくら「米ぬかオーガニック」でがんばったとしても、バラを健康に育てることはできません。有島先生のおかげで、特に鉢栽培については、自分なりの見通しをもってバラを育てられるようになりました。また、第2章に掲載したバラの樹形についても指導していただきました。有島先生には、この場を借りて厚くお礼を申し上げます。

また、書名を考案し、ゲラのチェックもしてくださった梶浦道成さん、カバー写真を提供してくださった大石忍さん、虫の写真をお借りした中村良美さん、素敵なブックデザインをしてくださった秋山香代子さん、そして、築地書館の橋本ひとみさんにも厚くお礼を申し上げたいと思います。

21世紀を迎えてもう10年がたちました。でも、私が子どものころに思い描いていた科学万能の21世紀のイメージとは大きく違っています。地球環境の保全、持続可能な人間の生産活動の方法の創造に向けて、科学技術開発の方向性は大きく舵を切ろうとしています。

農業の在り方もしかりです。20世紀にもてはやされた化学農薬と化成肥料に頼りきった農業では、土や人間の健康を維持しつづけることは難しいというところまできているのではないかと感じています。

私は、この17年間、化学農薬を使わないバラ栽培を、インターネットでつながったオーガニック・ローズ仲間と交流しながら模索してきました。発端は、ただ家族の健康を願ってのことだったのですが、この、以前は不可能ともいわれた栽培法を試行錯誤しながら進めるうちに、気づかされたことがあります。それは、私たちの生命環境は、多くの目に見えない微生物たちによって支えられているということです。

地球は微生物の惑星です。微生物たちのダイナミックにかかわり合う活動によって、地球上のすべての動物や植物は生かされているようなのです。

小さなバラ庭をただただ見つめ、バラが健康に育つための方法を模索することは、地球の自然について考えることと同じだったというのは、驚きでした。庭は、人の生活と自然とをつなげるものなのですね。そんなことを教えてくれた小さなバラ庭は、私にとって心から安らげる大きな森のような存在です。

自然とかかわる豊かで楽しいガーデニングを、たくさんの仲間たちと歩んでいく幸せを、本書を通して多くのみなさまと分かち合うことができれば幸いです。

小竹幸子

２０１１年1月

著者紹介

小竹幸子（おだけ・ゆきこ）

東京都町田市で、オーガニックなバラ庭づくりを始めて17年。

フルタイムで働く週末ガーデナー。

東京郊外の住宅街の一角にある面積約10坪の庭で、地植えバラを約50株、鉢植えバラを約30株栽培している。

庭は、どの場所もほぼ半日程度しか日が当たらず、１日じゅう日が当たるのは駐車場の周辺のみ。メインの庭は、南側に大きな家が建ったため、秋分の日から春分の日にかけて、半年間陰になって日が当たらない。

ネット仲間と情報交換しながら、試行錯誤のうえ「米ぬかオーガニック」にたどりついた。工夫しながら作業を重ね、５月に満開のバラに囲まれるのは最上の幸せ。

多少の虫食いはOK。おおらかな気持ちでバラ庭を楽しんでいる。

庭の成長とともに大きくなった長男は今や大学生、次男は高校生。

趣味は、園芸のほかに、パンやケーキ、家族が喜ぶおいしいものをつくることと、夫との小旅行。

著書に『無農薬でバラ庭を～米ぬかオーガニック12カ月』、共編書に『バラはだんぜん無農薬～９人９通りの米ぬかオーガニック』がある。

ホームページ〈庭造りの愉しみ〉http://yukikoo.web.fc2.com/

ブログ〈Organic Roses〉http://yukiko17roses.blog48.fc2.com/

はじめてのバラこそ無農薬
ひと鉢からの米ぬかオーガニック

2011年3月25日　初版発行

著者　小竹幸子
発行者　土井二郎
発行所　築地書館株式会社
〒104-0045
東京都中央区築地7-4-4-201
☎03-3542-3731　FAX 03-3541-5799
http://www.tsukiji-shokan.co.jp/
振替00110-5-19057
印刷製本　シナノ印刷株式会社
装丁
本文デザイン　秋山香代子（石川源事務所）

 ISBN978-4-8067-1417-0